大展好書　好書大展
品嘗好書　冠群可期

大展好書　好書大展
品嘗好書　冠群可期

太極拳講義

田振峰 編著

大展出版社有限公司

策劃人語

本叢書重新編排的目的，旨在供各界武術愛好者鑑賞、研習和參考，以達弘揚國術，保存國粹，俾後學者不失眞傳而已。

原書大多為中華民國時期的刊本，作者皆為各武術學派的嫡系傳人。他們遵從前人苦心孤詣遺留之術，恐久而湮沒，故集數十年習武之心得，公之於世。叢書內容豐富，樹義精當，文字淺顯，解釋詳明，並且附有動作圖片，實乃學習者空前之佳本。

原書有一些塗抹之處，並不完全正確，恐為收藏者之筆墨。因為著墨甚深，不易恢復原狀，並且尚有部分參考價值，故暫存其舊。另有個別字，疑為錯誤，因存其眞，未敢遽改。我們只對有些顯著的錯誤之處，做

了一些修改的工作；對缺少目錄和編排不當的部分原版本，我們根據內容進行了加工、調整，使其更具合理性和可讀性。有個別原始版本，由於出版時間較早，保存時間長，存在殘頁和短頁的現象，雖經多方努力，仍沒有辦法補全，所幸者，就全書的整體而言，其收藏、參考、學習價值並沒有受到太大的影響。希望有收藏完整者鼎力補全，以裨益當世和後學，使我中華優秀傳統文化承傳不息。

為了更加方便廣大武術愛好者對古拳譜叢書的研究和閱讀，我們對叢書作了一些改進，並根據現代人的閱讀習慣，嘗試著做了斷句，以便於閱讀。

由於我們水準有限，失誤和疏漏之處在所難免，敬請讀者予以諒解。

太極拳講義編輯緣起

不佞，習外家拳十易寒暑，雖未中斷，然終無一成。自民十四，始皈依內家。斯時專攻形意，奈羈身軍營，職司財政，以故輒嘗輒止。旋經商於保定，再從軍於開封。遇賈翁，先生名慕騫字蘊高，為當代劍道專家宋世榮先生之高足也，登堂入室，爐火純青。耳提面命者數逾月，方覺茅塞頓開，迥非昔比。先生旋作中江之行，揮淚送別，以期來日；雖聚首數月，頻受訓示，但僅窺一斑耳。回憶曩昔，殊覺愧汗！即經指導之後，始覺今是昨非。

民十九隨軍轉戰膠東，遇李芳辰先生；先生為當代劍術名流。噫！我竟有此幸福也。傾談之下，頗受賞識，並賜內家之眞諦。未幾，忝列門牆。後先生倡辦國術館於魯，開幕未久，被任重職。二十年夏，先生應召赴贛，因水土不服，致患惡痢，閱月已漸復原。又因東省事變，悲憤填胸，繞室彷徨者累日，以致病又轉劇！先生體壯過人，毫不介意，而病入膏肓，猶不自知也，以醫進則怒，以藥進則覆！時仍隨韓主席參加軍官訓練。為國痛心，無暇休養，寒勞交迫，病勢驟轉，繼以嘔血下血日數十次。延醫診視，亦弗能為力矣。自知不起，謂曰：「余二十餘年，身經百戰，今國難當前，竟為病累，未能執戈禦侮，以盡天職，深為遺憾！家貧無足重輕，但望爾等（指長子書剛、次子書箴等而言）能自立盡忠報國，繼我未竟之志。所耿耿於心者——老母年高未能終養，實抱無窮之恨！國事結局如何，恐余不及見，若能早息內爭，一致對外，我死亦可瞑目……」又囑國術館同人曰：「當此國術進步，正在萌芽之期，望汝等各盡所能，勇猛前進。景林事未竟而身先歿，惟諸位念景林之至誠，完成未了

之素志云云。」言未畢而氣已奄奄。驟聞此言，捶胸頓足，眼枯無淚，心痛如割——嗚呼！昊天不弔！殄喪吾師！當師之前，立發宏誓：「但願秉承遺志，為提倡國術犧牲奮鬥而死，絕不願投機求榮苟延歲月以生。」不幸竟於二十年十二月三日夜十時與世長辭。先生拳劍兩道，神乎其神，可謂已臻上乘。惜我不文，弗克形諸篇幅，此我最大之憾事也——我學未成，我心可表，只有將先生之遺學，循次編輯成帙，以供後學之參考。

此書完成於先生之生前，亦可謂不幸中之幸也。書內之姿勢解說，盡為先生一世研究內家之結晶；今更加以詳細校正，始出刊問世歟。

不佞，夙以提倡國術為志，而草此編，倉卒從事，掛漏必多，尚望海內名家，勿以文字見責，而加指導是幸！

壬申季春清苑　田鎮峰　謹識

李序

太極拳一書，當世著述者頗多，有故神其說者，亦有各執己見者，甚至分門別類意見分歧。余睹此情狀，時以為憾，故屢年以來，以提倡國術為吾分內之專責，而山東省國術館之設亦借此原因也。余門人田鎮峰，對於太極一道，研究有年，並能深窺其奧旨，故今有《太極拳講義》之著作，我一生研究之心得，多賴此子之宣傳。經余審核校正，知彼用意周詳，嘉惠後學之深心為無窮也。其書中註解詳明，余深以為快。人若手此一編，逐日研求，則獲益匪淺，誠國術界之指南針也，關於太極之眞義，已發揮無餘，而我國術前途，又現一片光輝。余舞劍之餘，是為序。

中華民國十九年十二月一日　廣川　李景林　序於山東省國術館內

太極拳講義序

吾國拳術，由來尚矣！考諸詩云：「無拳無勇，職為亂階。」管子云：「於子之屬，有拳勇股肱之力，秀出於衆者，有則以告。」即孔氏之門，有若稱似聖人，而幕庭三勇，與壯士之列；其他若季路冉有之倫，咸以武勇致用；此皆吾國古時注重拳術之明證也。漢唐而後，多重文藝而輕武術，致斯道之流傳，入於釋道內外家之徒。習之者非江湖鬻技，即綠林盜寇。間有一二士夫，精斯藝者，又常挾秘訣以自重，不肯輕易傳人。斯術之消沉，幾如廣陵散，而民氣日衰，民體日弱，說者謂：漢世家法，不克靖黃巾之亂；宋世性理，無以禦蒙古之侵。馴至今日，東亞病夫之名，為世業詬。噫！其言豈過當哉！迺者，政府振興國術，設館專司，各學校均設國術專科，發揚國光，誠盛舉也！余濫長民廳，亟思有以提倡，爰於

地方行政人員及區長訓練兩所，各設國技一門。承國術館長李公芳辰，選為拳術教授，即以田君鎮峰所編《太極拳講義》，作為教科，俾資練習。余覽而悅之！竊考太極拳為武當正宗，法天地自然之理，參太極陰陽之妙，為內家拳術之最平易、而最能發達體育者也。然非田君之研求有素；李公之考核詳明，何以發其精而撮其要，窮其源而溯而流哉！總理有云：「欲恢復我民族之地位，須先恢復我民族固有之『精神』、『道德』與『智能』。」余謂太極拳能鍛鍊身體，陶淑心性，即吾民族「精神」之所表現，亦吾民族「道德」與「智能」之所寄託也。所望各學者，研習探討，融會貫通，神而明之，發揚而光大之，庶吾民族尚武之精神，得以復興，而東亞病夫之恥辱可免，則斯編之刊，為不虛矣！因樂而為之序。

中華民國二十年二月　李樹春

編者例言

一、本書於民國十九年冬在山東省國術館內完成。余在斯時，前途茫茫……無暇考正，以故暫出草編，奈環境迫人，無可如何！而今日之奮鬥——犧牲，來創設健康實驗學社，就是為這個原因。以我這極微的知識，和很少的經驗，纂集起來，而它——《太極拳講義》——也便借此而誕生！

二、本書以闡揚國術，修養身心，鍛鍊體魄，強壯精神為要旨，以期達到強種救國自衛生存之目的。又為學者便於練習起見，凡書內一切解說、姿勢、動作，竭力求其淺顯，以使學者一目了然。

三、本書注重生理衛生諸學理，與自衛奮鬥競爭生存之概念！以鍛鍊技術立其體，闡明科學致其用，故運用諸法，均是合乎生理之運動。

四、本書之經解，皆王宗岳先師之遺註，惟恐理深意奧，不易瞭解，故再重加贅述，以使學者易於領悟。

五、編輯是書時，經李芳辰夫子審查校正。而李公對於太極一道，造詣獨深，又精劍術，每逢指導時，無不傾筐倒篋；故書中之姿勢、解說以及太極拳眞義，皆為李公一生之結晶，又經編者詳細注述，尤便同好之參考。

六、本書所云各式之解說用法，僅擇其一端，略加說明，使初學者易於參悟；而太極拳之廣義，非止於此；若以狹義擊技而目之，未免有負此拳之眞義！

七、此拳無男女老幼之別，無短衣擇地之戒；習之既久，自可強身健腦，塡精補髓，有百益而無一害。蓋健全之精神，恒寓於健全身體之中，凡我同胞，豈可忽視哉？若以此拳為強身必須之資料，久之，自可隨心所欲，樂趣叢生！

八、編者學識譾陋，囿於見聞，此拳之神妙，惟恐掛一漏萬；又因倉卒付印，而疏忽錯訛之處，在所不免；甚願海內賢達，不吝賜教，則不勝馨香祝禱，而跂望之！

目次

第一章　卷頭語

宇宙間無論是哪一種物，或是哪一種學理，都有它的意義在。那麼，我們不管對於什麼東西，總該去追求它的意義，研究它的本末，我們才有相當的裨益；那被追求的東西，也才得有進步。假若我們對於各樣物類、各項事理，不加以思索，不發生絲毫的心得，我們便是無意識的人，也便失去萬物之靈的美稱了！

在過去的社會間，國術一項，因受著重文輕武政策的影響，總是被深深沉默支配著，固然在史書上很難見有國術的記載，就連在一般學者頭腦裏、心目中，簡直沒有絲毫國術的印象，所以從前練習拳術的人們，大半都是不學無術的老粗；若想在國術界裏，拜訪幾位所謂文武兼備，瞭解拳理的同志，真如鳳毛麟角一樣的稀罕！

到了現在，提倡國術，發揚國光的聲浪，幾震遍全國的時光，雖有少許武界的先知先覺，要想開拓國術知識的領域，闡揚此道的精華，然而結果卻很不容易獲得滿足的成績，這不用說是因為關於國術的參考書籍太少了。即使去向大名鼎鼎的老拳師們探討國術的真理，他們也是回答不出所以然來。

例如，國術與心理學、生理學、病理學、軍事學的作用，與各種科學的關係及其精義，他們號稱拳師的諸先進，固然莫知其詳，甚至詢問某種拳術名稱的由來和各式之要點，他們也是啞然無對者居多！

這樣看來，難怪國術不容易得到社會上流階級的重視；原來國術的本身，既少有歷史的根據，又沒有正確的理論產出，縱然在中國許多舊小說上，或文人的筆記中，可以覓得一點關於拳勇的記載，然而多半是

非科學的無稽考的誇張之說；並且，還是充滿了神話的虛幻之談，越使得有知識的人們，不願向此道問津，於是國術的命運，也便越趨向於危厄了！險乎埋沒了它光榮可貴的本質和偉大的靈魂！

幸而它——國術——到處已遺留下破碎的屍骸。彷佛能常從它毀滅將盡的靈魂的口裏，吶喊出求救之悲聲；訴說國術與中華種族存亡有密切的關係；若不把它尊重起來，就等於不尊重國家。因為它——國術——的確是我們中國的靈魂。

那麼，我們提倡國術者，既擔負著強種救國的使命，懷抱著全民眾均國術化的希冀，就該把我們平日所研究的心得，用科學方法，編著出書來，供諸熱心國術的同胞，作鍛鍊的參考。不管我們所建樹的理論，是否有相當價值，所搜集的材料曾否完備，我們總要鼓起一萬二千分的勇氣，大膽地印出來，恭請四海名流，予以不客氣的批評和指導！

至於我們何以要先編太極拳，而不先編其他的拳術，並非我們持有宗派門戶的偏見；實因此拳一舉一動、一進一退，都含有很深的哲理在。從實際的功效上說起來，太極拳也算是修心養性、增長智慧、健強體魄的唯一好方法，但恐學者不易領悟其奧妙，所以我提倡國術的編輯初步工作，先從事於太極拳的研究，然後再繼續編著其他拳術和器械。這是我需要向讀者聲明的。

哦！《太極拳講義》竟然產生了——哈哈！鍛鍊國術的同志呀，你們既也是號稱萬物之靈的人，你們至少總該對於本身最感有興趣的國術，下一番追究真理的苦功；絕不宜模糊不清的呆練一世，以致引起知識界的反感，而使至寶至尊的國術，不易普及；那便是我們國術同志搗毀自己的立場呀！

第二章　我對於拳術領會的幾點供獻於讀者

學拳往往自矜聰明，謂他人之拳，一見即會；不知一見即會，再見則不會矣。豈知拳理深奧，非皮膚間能可形容者，必須虛心受人，時無間斷，久之自可豁然貫通。

練拳總以「發憤忘食，樂以忘憂，不知老之將至」之概念，時常存於腦海，不憂藝術不高人矣。既是一位拳術家，宜心領神會，博聞廣見，做正大事業；不可持藝為非，當以豪傑自命，以聖賢為法！如此才不愧為人之師。

初學拳時，宜整頓身法，注重步眼。不可說先記住大概，練熟時仔細再正，其實再正終不正矣。古云：「蒙以養正」，良言也。

學會拳術，宜以涵養為主，舉動間要心平氣和，不可令腐儒輩知，惟恐引今道古，說出許多疵謬無相干的話來，以致打消吾們的性趣；必須鄭重其事，精益求精，明其理，傳其神，顧其名，思其形，方能領微入妙；萬不可向人前賣弄精神，誇張技藝。

非在不得已時，不可與人交手；與人交手，先有奪人之氣。故交手時，攔其手，謂之頭門；制其肘，謂之二門；截其膀根，謂之三門。每一出手，應先制其膀根，是謂登堂入室。切記！停頓時宜沉著加力，轉關處宜活潑隨機。

練拳總以用功為主，力是自然之力，不可勉強加力。一身血氣周流，方能渾元一氣。氣由腎發，自後而前，由襠中過來，自下而上，再由咽喉自上而下，兩肩一塌，兩肘一沉，兩脅一束，氣自擎於中宮，則不至胸中無物矣。「先空洞然後才可有物」，此即所謂中氣。只可以意知之，以神會之。若必執求其模樣若何，形跡若何，則滯矣！而且得病匪淺！

未交手必先聚氣，氣由腰後發，而收於前；背為陽，腹為陰，陽氣上升，陰氣下降，陰陽相交，入於丹田，此謂一氣。前進時，下氣往上沖，上氣往下降，納於臍之上心之下，上身往下一坐，氣自聚於中宮，此謂二氣。臨落點時，仍嫌力有不足，再將周身骨節一束，「名之曰盡」，此謂三氣。三氣相合，故名之曰渾元一氣；譬如炮然，捲得愈緊，響得愈有力。初用功時，必先學聚氣；功力熟時，自能合一。柔則過氣，剛則落點。

初學拳，切勿猛進！戒求速，忌用力。故拳道專家嘗云：「無力努力傷血，不速求速傷氣。」氣血兩傷，則必危機肇臨！有力何由施哉？

初學拳，最難懂的就是虛實。例如：出手時，某手為虛，某手為

實；某臂為虛，某臂為實；偶或兩手同時打出，亦要分清虛實；雖然形勢上同時打出，而意念中亦須分清虛實；不要認為很微小的地方，毫不加以顧慮，那就完全錯誤了！偶染同時之病，就是雙重之病；雙重為太極拳最大之病！

在練習的時候，切記！存神上丹田（大腦），納氣下丹田（臍下三寸），尤須用腦力（腦即神之舍），用思想力，然後方可收效。而太極拳與其他拳術不同的地方，就是在練習時能存神，能納氣。

其實太極拳的架勢，與他種拳術比較，倒沒有多大差別。若是只知道練習，不加以研究，恐怕呆練一世，也不過是個平淡的拳師，絕得不到相當的效果。

有人說：「太極拳只能養生，不能實用。」我想說這話的人，他絕對未向太極拳有一次的問津；亦不必怪他，最好請他實地的試驗一次，他就知道此拳之寶貴了。而太極拳每一舉動都有一個圓圈，又可以說是一個圓圈將一蹚太極拳組成；雖然在練的時候，不注重攻擊、招架，然而到了用的時候懂亦可以說全體都是攻擊、招架；若以某勢作如何解說，如何作用，這免未有些錯誤，並且將太極拳的範圍給縮小了！

「雖然本書微微對於姿勢上贅述了幾句解說，然而也就是不得不如此，並非是編者真正的本意！」其實太極拳何嘗不能應敵呢？「不過對於太極拳沒有研究的人，他完全不懂罷了！」真若用它——太極拳——為挫敗敵之工具，並且更能超出其他拳術數倍之上（這是編者實際研究出來的）。

我（編者）在學少林拳的時期，老師常說：「每逢練拳的時候，總是想著前面無人似有人，用一種想像的攻擊招架。」而太極拳則不然——不但不去想像，並且時刻存著一念空洞，而中間只有一意存焉。

既無想像招架之念，當然周身自能輕鬆靈活，不但練習時與他種拳術不同，就是應用的時候也與其他拳術大相差異。而其他拳術之應敵，多以側身寬步為秘訣，因側身可減少敵方攻擊之目標，並能增加出手之長度，其實也很近於拳理。而太極拳則不然了——每逢應用，惟恐敵方不來加攻，所以全體亦不加以掩護，尤更無預先之準備。其毫無戒備與不加寬步之原因，則內勁充足、下節穩固之故也。只要內勁充足，下節穩固，輕鬆靈活，出手迅速，敵之力何由施哉？

太極拳增加之效率，實較他拳超出數倍，例如：現在我（編者）第一蹚拳可練四十分鐘，而氣質神色亦無絲毫之改變，練完之後，如沐浴然！「此種快樂，非個中人弗能知也。」雖身體疲乏，而精神上絕無痛苦。在我學外家拳時。與現在比較起來，大有天地懸殊之慨！在那練少林拳的時候，練不到五分鐘，就不能支持，練完之後，憋的那口氣，真有說不出來的一種痛苦！恨不能立刻剖開肚腹，將內裏的氣一鼓勁放出來才覺著痛快！然而實際上焉能做得到呢？所以「不速求速傷氣」，傷氣就是傷神！有許多的拳師，愈老愈不能致用，就是這種的原因；並且他們愈老身體愈孱弱，是人人都可覺察出來的！而「老當益壯」這句話，更是他們無法解決、無法回答的一件難題了！

太極拳，固然以沉實穩重舉動輕靈為主，可是穩重絕不是樁步，若是專心去練習樁步，很沒有多大益處；設若就是栽一個木樁，也極容易打倒，何況是兩條腿？而太極拳著力不倒之原因，全在輕靈懂力；然而下部必須沉實，兩腳亦必須抓地；「只要每一呼吸之中，都注意到丹田，則下部必定沉實」。而輕靈懂力，完全由於腰腿靈活求之，靈活係由柔軟而得來。對敵時，能將敵方之力引向空處，再加以微勁擊之，則必應手而仆矣。

初步學拳，切記萬不可立求速效。而一般拳師，善以迎合學者的心理為本能，並且他很盼望你早日學會，以便表示他教人的成績：「這還算是上等的拳師」。其實如此教人，則有害無益，誤人匪淺也！

我（編者）對於教人一項，已下了數年的功夫去專心研究，直至現在，很領會出來許多教授人的方法。如教人時，若想使其速成極易，欲使緩學則難！因為欲使學者速成，必須多教勢子；若使學者緩學，則未免特難了！難從何來？

⑴對於提倡拳術，要有整個的計劃。⑵須有相當的知識，參照諸學理的論理，研究一種教授法，以使學者易於領悟。⑶每一姿勢，必根據生理解剖作詳細之解說。⑷使學者明瞭精神之作用，以及氣之表現。

我這不過隨意地寫上幾項，以作拳師教授人的標準。若依照我的意見去教人，是問學者的進度焉能很快了呢？由此足見教人緩學之難了。

而多數的拳師，很盼望你愈學快愈好，他惟恐學者領教他姿勢的意義，故此他才敷衍了事的向快裏去教。

我在河南遇了兩位專門太極的拳師，又是陳家溝子的嫡派，在他練拳每手放出之勁，必定咚咚有聲，並且每手所發之勁均皆中斷。若是未在太極拳上下過幾天研究的人，必定說他很有功夫，其實他的純功總有十年之久，不過是不能臨敵應用罷了。後來我竭力與他更正姿勢，然而總是不能退了他的拙力，這誤入歧途之害，由此足見一斑了！

若想在拳術上加一番研究，必須打破信仰拳之宗派的觀念！否則，必有嫉妒仇視之虞！而我國的拳術，發源最古，不一定盡是傳自達摩、張三丰、岳飛（亦有托言傳自趙匡胤、彌勒佛）等人，這不過在拳術的本身加一番粉飾而已，甚或多有傳自一位很有創造能力的拳師，而他——能創造的拳師——皆因個人沒有多大的聲望，故此他才請出一位死去有名的替代者（即所謂祖師）來與他幫忙職掌門戶。

大概在已往著名的拳師，都有這種的習慣性；而他那託名的祖師，何嘗不是一個人呢？不過他——祖師——所做的事業，絕不是空想僥倖成功的！因他秉個人之正氣——具大無畏之精神！在他「祖師」的理想中，焉能請出一位入墓的人來替他做假招牌呢？又可以說，他——祖師——一生的作為，自覺無愧，所以到了他脫離人的關係以後，他才成了一位慈愛的真神！其實祖師這個名義，不是他自己的官銜，亦不是他自己的混號，是他死了以後大家贈給他的。而吾們也可用那鐵血的意志，和大無畏的精神，去支配一生的事業，何必去借重死人的力量。我（編者）相信你「請頂替的拳術家」只要能如此的犧牲，如此的奮鬥，決保你也是未來的一位真神——祖師！

第三章　太極拳之源流

老子曰：「天下之至柔，馳騁天下之至堅。」夫太極拳者，乃至柔之道也。孟子曰：「吾善養吾浩然之氣。」其氣盎於背，充溢於四肢百骸。而太極拳者亦純練氣之道也。孟子之道，本於孔子；孔子曾問道於老聃，足徵太極拳法源於李耳（即老子），法於亞聖，延至唐代許宣平及李道子。

考許氏係江南徽州府歙縣人。隱城陽山，即本府城南紫陽山；結簷南陽辟穀。身長七尺六，髯長至臍，發長至足，行及奔馬。每負薪賣於市，獨吟曰：「負薪朝出賣，沽酒日夕時；借問家何處，穿雲入翠微。」李白訪之不遇，題詩望仙橋而回。

所練太極拳之功，拳名三十七，因三十七式而名之；又名長拳者，所云滔滔無間也，總名太極拳三十七式。而李氏，亦產於長江流域，祖籍安慶，與許氏同時人也。或云李氏活至數千年。於宋時與游酢莫逆，至明代，常居武當山南岩宮。不火食第啖麥麩數合，此恐神奇之談。蓋以史冊實無所稽，當以論為唐時人者為然耳。

由許李二氏斷續相傳，至宋武當丹士張三丰——張氏原籍遼東懿州人，名全一，一名通，又名君寶，字元元，號三丰，又號昆陽。因其不修邊幅，故時人呼之謂張邋遢。生有異質，龜形鶴背，大耳圓目，鬚髯如戟。身長七尺，身一袖一蓑，雖寒暑而不少變。每食甚巨，或竟日不進飲食，盡吃水果而已。書經目不忘，喜嬉諧，遊處無恒，常遊武當（在湖北境）諸岩壑，語人曰：「此山異日必大興。」時五龍、南岩、紫霄，俱毀於兵，三丰與其徒去荊榛、瓦礫，創草廬居之。徽宗召之，道梗不得進。金人入寇，曾以單丁殺金兵五百餘人。陝西人民慕其勇，從學者數十百人。

傳百餘年至元世祖時，西安人王宗岳得其傳，名聞海內，著有——《太極拳論》、《太極拳經》、《行功心解》、《搭手歌》、《總勢歌》等書。溫州陳州同從學宗岳，由此太極拳之術則傳入溫州。又百餘年至明嘉靖時，則以張松溪為最著。

張松溪浙江鄞縣人，師係十三老。松溪為人，恂恂如儒者，遇人恭敬，身不勝衣；人求其術，輒遜謝避去。時少林僧以拳勇名天下，值倭奴亂，當局者召僧擊之。有僧七十輩，聞松溪名，至鄞縣求見。松溪蔽匿不出，少年慫恿之，試一往；見諸僧方校技酒樓上，忽失笑，僧知其松溪也，遂求試。

松溪曰：「必欲試，須召里正約，死無問。」僧許之。松溪袖手

坐，一僧跳躍來蹴，松溪稍側身，舉手送之。其僧如飛丸隕空，墜重樓下幾斃，眾僧始駭服而散。後常與諸少年入城，諸少年閉之月城中，羅拜曰：「今進退無所，幸一試之。」松溪不得已，乃使諸少年舉圓石可數百斤者累之。謂曰：「吾七十老人，無所用試，供諸君一笑可乎？」言畢，舉手側而劈之，三石皆分為兩。

松溪之徒三人：四明，葉繼美字近泉；王皋；季化南。而近泉則獨優。四明從近泉學者，吳崑山、周雲泉、單思南、陳貞石、孫繼槎等人。吳崑山傳李天目、徐岱岳。李天目傳余時仲、吳七良、陳茂宏。周雲泉傳盧紹岐。陳貞石傳董扶輿、夏技溪。孫繼槎傳柴元胡、姚石門、僧耳、僧尾。而思南之傳，則王征南。

思南從征關白，歸老於家，以其術授人，然精微所在，亦深自秘惜，掩關而理，學者皆不得見。征南從樓上穴板窺之，得梗概。思南子不肖，思南自傷身後，莫之經濟。征南聞之，以銀卮數器奉為美檟之資，思南感其意，始盡以不傳者傳之。征南為人機警，得傳之後，絕不露圭角，非甚困則不發。

王征南明末人，名來咸，少時隸盧海道若騰。海道較藝給糧，征南嘗兼數人，直詣行部。征南七矢破的，補臨山把總。錢忠介公建國，以中軍統營事，屢立戰功，授都督僉事副總兵官。事敗猶與華兵部勾結島人，藥書往復，兵部受禍，仇首未懸。征南終身菜食，以明其志，識者哀之。當征南之從戎時，嘗夜出偵事，為守兵所獲，反接廊柱，數十人轟飯守之。征南拾碎瓷偷割其縛，探懷中銀望空而擲，數十人爭攫，征南遂免出，數十人追之，皆踣地匍匐不能起；行數里，迷道田間。守者以為賊，聚眾圍之。征南所向，則無不受傷。歲暮獨行，遇營兵七八人，挽之負重。征南苦辭求免，不聽，征南至橋上，棄其負。營兵拔刀擬之，征南手格而營兵自擲仆地，鏗然刀墮，如是者數人。最後取其刀投井中，營兵索梗出刀，而征南已去遠矣。

征南搏人，皆以其穴。有死穴、暈穴、啞穴。其術要訣，為敬、緊、徑、切、勤五字。有惡少侮之者，為征南擊，其人數日不溺，踵門謝過，乃得如故。牧童竊學其法，以擊伴侶，立死。征南往視之曰：「此暈穴也，不久當甦。」已而果然。

征南任俠，常為人報仇，然激於不平而後為。有與征南久故者，致金以仇其弟，征南毅然絕之曰：「此以禽獸待我也。」征南罷事歸家，募其才藝者，以為貧心易致，營將皆通殷勤；而征南則漠然不顧，鋤地擔糞，若不知其所長，有易於求食者在也。

一日遇故人，故人與營將同居，方延松江教師，講易武藝。教師居坐彈三弦，視征南麻布縕袍若無有。故人謂征南善拳法，教師斜盼之曰：「若亦能此乎？」征南謝不敏，教師軒衣張眉曰：「亦可小試之乎？」征南固謝不敏。教師以其畏己也，強之愈力，征南不得已而應，教師被跌，請復之較，再跌，而流血被面。教師乃下拜，贄以二縑。

征南常遊玩於天童，見僧山燄有臂力，四五人不能掣其手，稍近征南，則蹶然負痛。征南未嘗讀書，然與士大夫談論，則蘊藉可喜，不見其為粗人也。

此拳至清傳河南蔣發，蔣發傳懷慶府陳家溝子陳長興。長興立身，常中正不倚，形若木雞，人因稱之為牌位先生。先生傳楊露禪、李伯魁、陳耕芸等數十人，惟露禪術最精。

露禪傳其子錤、鈺、鑑及王蘭亭諸人。長子錤早死無傳。次子鈺字班侯傳萬春、金佑等。三子鑑字健侯，傳其子兆熊、兆清、兆元、兆林、兆祥等。兆清字澄甫，傳武匯川、葛蘭笙、李德坊等數十人。近日南北習太極者，大多數由楊氏遞相傳授者。

近代太極專家，李公景林，係傳自皖省陳世鈞隱士。其擊劍之妙，太極之精，則純任自然，已至臻上乘；又按運用劍法之精神，研究太極拳、劍兩項，而融化為一。純用神意，不尚身法氣力。與學者演習時，觸者立跌出數丈。此人所目睹，與其他太極家運用迥然不同，而其理則一也。

第四章 太極拳之意義

萬物之生也，負陰抱陽，莫不有太極，有太極斯有兩儀，改太極為陰陽之母。太極即一氣，一氣即太極。以體言則為太極；以用言則為一氣，時陰時陽，活活潑潑。其氣洋溢於四體之中，浸潤於百骸之內。無處不有，無時不然。內外一氣，流行不息，開合自然，中無停滯。故太極無法，動即是法，此即太極是也。

法言易中陰陽動靜之理；而運勁作勢，純任自然，無中生有，所謂無極而太極也。至其運用圓活，如環無端，莫知所止，則又謂太極本無極也。勢，之中；著，之內，均含一圓形。其動而陽靜而陰，及剛柔進退等，均與易理吻合，故得假借太極易學之理，以說明之，此拳之名稱亦故因此而來……而以陰陽動靜等喻其作用，非強為附會也。

中國舊日學說，凡物均以陰陽喻之，故陰陽無定位。太極拳之喻陰陽亦然。如拳勢所云：動而陽，靜而陰；出手為陽，收手為陰；進步為陽，退步為陰；剛為陽，柔為陰；黏為陽，走為陰；伸為陽，屈為陰；分為陽，合為陰；仰為陽，俯為陰；升為陽，降為陰；實為陽，虛為陰，無論如何變化，均不離陰陽動靜、圓形虛實之規範。此皆譬喻之說，非世俗卜巫迷信所言之太極也，萬不可作玄虛之談。

近代科學昌明，百端進化，尤望學者能以科學等說明之，而不沾於易象，則編者所深望焉。

第五章 太極拳之功效

凡名其為拳者，既供吾人練之，將必獲有相當之功效，但以各拳之門派種類不同，而所產生之功效，亦有大小強弱之差異。

至於練習太極拳，所受效力，是否勝諸他拳？吾當弗敢武斷，惟聞國術專家李芳辰先生嘗云：「太極拳之裨益於練者，實匪淺鮮。」茲舉幾端，以供學者之參考。

太極拳一舉一動，極其緩和，若抽絲者然，毫不費力；亦如少女歌舞狀，彷彿含有音樂中之節奏及拍子在焉，固足以舒展筋骨，且可以調和氣血而陶冶性情。運動無過不及，發達順乎自然；體魄健壯，智慧增長，端賴此拳之循序漸進。質言之，於肢體各部，既鮮偏重之虞；在生理方面，又無妨害之弊。總以禁止粗躁滯鈍為主，力避暴戾之氣，而重致柔之道，可謂身心兼修，外強內壯，此其功效一也。

拳術有妨病延年之能，久為人所共知，毋庸贅述。然既染重病之老翁或少年，是否猶可以拳治？尚係問題。蓋因病者，氣血必衰，若鍛鍊外家之剛功，未免運動過劇，消耗體力較多，則其精神，難使恢復，反屬有害；惟太極拳法，純為適應生理變化，動作輕靈宛如！而呼吸與血液循環之次數，均不失其常態。如患肺病及瘡疥諸症者，久練此拳，當能殺盡毒菌，化險為夷，轉弱為強。可見太極拳，不僅能可以防病於未然，且能除卻百病之魔，而保永恆之健康。此其功效二也。

近世一般學外國拳，或其他體育自命為體育專家者，悉以練日本武士道及西洋拳法為有功效，而視吾國固有國粹（太極拳）為柔軟無力，難以制敵。豈不知老子所云：「天下至柔，馳騁天下至堅」之大道；亦

未識太極拳之妙，重若泰山，輕似鵝毛；宛若游龍，翩比驚鴻；陰陽動靜，虛實進退，其變化之靈活敏速，雖脫兔沉魚，亦不及也。所謂擊首則尾應，擊尾則首應，擊其身則首尾相應者，非專指常山蛇而言，其長於太極拳者，亦復如斯。

吾曾見許多國術同志，以東西洋拳法，或以生平所練之剛功，力擊精通太極拳之家，卒皆不中，拳拳落空，如大石之投流水，鐵錘之擊棉絮。每一出手，不觸太極拳家則已，一觸必敗，弗進猶可支持，進則踉蹌退跌數十武外。此何故耳？

非太極拳中，含有「以靜制動」、「以柔克剛」、「以小勝大」、「以退為進」、「以順避害」之至理在耶？由此觀之，練是拳者，誠足以防敵自衛。此其功效三也。

第六章　太極拳真義

無形無象（忘其有己）　全身透空（內外如一）

應物自然（隨心所欲）　西山懸磬（海闊天空）

虎吼猿鳴（鍛鍊陰精）　泉清水靜（心死神活）

翻江鬧海（元氣流動）　盡性立命（神元氣足）

八字歌

掤攌擠按世界稀，十個藝人十不知，若能輕靈並堅硬，

黏連粘隨俱無疑，採挒肘靠更出奇，行之不用費心思，

果得粘連黏隨字，得其環中不支離。

心會論

腰脊為第一之主宰，喉頭為第二之主宰，心地為第三之主宰。丹田為第一之賓輔，指掌為第二之賓輔，足掌為第三之賓輔。

周身大用論

一要性心與意靜，自然無處不輕靈。二要遍體氣流行，一定繼續不能停。三要喉頭永不拋，問盡天下眾英豪。如詢大功因何得，表裏精粗無不到。

十六關要論

蹬之於足，行之於腿，縱之於膝，活潑於腰，靈通於背，神貫於頂，流行於氣，運之於掌，通之於指，斂之於髓，達之於神，凝之於耳，息之於鼻，呼吸往來於口，渾噩於身，全體發之於毛。

功用歌

輕靈活潑求懂勁，陰陽相濟無滯病，
若得四兩撥千斤，開合鼓蕩主宰定。

用功五志

博學（是多功夫），審問（不是口問是聽勁），慎思（時時想念），明辨（生生不已），篤行（如天行健）。

第七章　太極拳論

一舉動，周身俱要輕靈。

純任自然，不用拙力，則舉動自然輕靈。

尤須貫串。

聯絡一氣，絲絲不斷，即為貫串；若動一斷，彼必乘虛而入，其害匪淺。

氣宜鼓蕩，神宜內斂。

鼓蕩者，沖實也。內斂者，神靜之謂也。靜則不亂，故未練之先，神宜內斂，由靜生動，以神貫之，以意引之。磨習既久，始有意之所至，即力之所至之境。

無使有凸凹處，無使有斷續時，無使有缺陷處。

凸凹則不平，不平則間斷，斷則易為人所制。斷續則不圓，不圓則易為人所乘。一有缺陷則乘虛而入，此皆致敗之由。

其根在腳，發於腿，主宰於腰，形於手指，由腳而腿而腰，總須完整一氣，向前退後，乃得機得勢。

人之呼吸，由頂至踵，呼吸深長，始可完成一氣。上下相合，隨屈就伸。太極以手指放人，而跌出者，此梢力也。指甲為筋之梢。人身最堅固者筋，最力大者氣。由足跟直發於指，形若炮火，一轟而出，故人不知也。

有不得機得勢處，身便散亂，其病必於腰腿求之。

如不得機勢，身即動搖不定，心即倉皇不止，此拳術家最大之病，故必須注意於腰腿。

上下左右前後皆然。凡此皆是意，不在外面，有上即有下，有前即有後，有左即有右。

上下前後左右之動作，處處必須用於腰腿，外形雖然動作輕靈；而內中須有一意存焉。彼力微著我身，我力直達彼內；彼未成虛，我去成實，此即意之用也。

如意要向上，即寓下意，若將物掀起，而加以挫之之意。斯其根自斷，乃壞之速而無疑。

交手之時，總以隨機應變。動無定時，隨屈就伸，處處相隨，變化無窮，令人莫測。彼既心神失措，則我勁發必著，自為我制矣。

虛實宜分清楚，一處自有一處虛實，處處總此一虛實。周身節節貫串，無令絲毫間斷耳。

兵家云：「虛則實之，實則虛之。」此舉動必之用要訣也，我拳術家，更當注重，不可忽視。彼虛我實，彼實我虛；總須我意在先，彼意在後，彼不知我，我獨知人。氣如車輪，周身連貫。渙散呆滯，此拳家必戒。交手時，彼身似動未動，我力已至；然而處處只一虛實也。

第八章 太極拳經

太極者，無極而生，動靜之機，陰陽之母也。

太，大也，甚也。極者，中也，至也，又窮也；樞紐根柢之謂。陰陽生於太極，為萬物之根本；而太極拳則為各拳之領袖也。此拳重在鍛鍊精神。運動作勢，純任自然，不偏不倚，不拘形式。以虛無為本，而包羅萬象，故曰無極。太極本無極，處處分陰陽虛實，故名之曰太極。

然初學者，就有形之姿勢，入手學習，久之著熟，然後懂勁，融會貫通，始能入於神化之境。機者，巧也，又樞機也。夫動靜無端，陰陽無始，當行功時，中心泰然，抱元守一，未嘗不靜。神明不測，有觸即發，未嘗無動。於動時，存靜意。於靜中，寓動機。一動一靜，合乎自然。此太極拳之所以妙也。

動之則分，靜之則合。

不動時，渾然一太極。如微動，則陰陽分焉。其靜的姿勢，雖無痕跡可指，然陰陽虛實，已具其中。故曰靜之則合。而功重在虛靜。虛則無所不容，靜則無所不應。學者務須詳察領會，自無不如意也。

無過不及，隨屈就伸。

過，逾也。不及，未至也。就，即也。過與不及，皆為失中。與人相接之時，隨彼之動而動；彼屈我伸，彼伸我屈。與之密合，不丟不頂。以中為主，自無不合。初學此拳者，每失之過迨；稍懂勁，則每失之不及。學者宜審慎之。

人剛我柔謂之走，我順人背謂之粘。

人者，敵也。剛，指有力而言。柔，即順也。走者，何也。以柔順

變化敵力之方向，不為所制，故曰走。敵施力時，我順其勢而制之，使其就我之範圍，故曰粘。

太極拳，常以小力勝大力為主旨。據常理言之，固然不可；而敵之勝者，必有理在。蓋敵力須加吾身，方生效力。苟能御制得道，審機應變，以彼力還制彼身，則我雖弱，常居制人之地位；敵雖力大，何由施哉？然非好學深思之士，未足悟此。

動急則急應，動緩則緩隨，雖變化萬端，而理為一貫。

此言與人交手，隨彼之緩急而施之也。然非兩臂圓活，周身鬆靜，實難得相當之效力。敵雖變化萬端，由一本而萬殊，而我執兩用中，扼萬殊使歸一本。審機應候，守一以臨，設非功深，不易知也。

由著熟而漸悟懂勁，由懂勁而階及神明；然非用力之久，不能豁然貫通焉。

習太極拳，進功自有一定程度；萬不可躐等躁進。此拳之妙，全在用勁（勁字係由功深而練出，不可作力量解）。然勁為無形，必附於有形之著，方合於用。有每恃用勁，輕視用著，手之發也，難以命中，皆不明此中之深理，而濫竽用勁之故也。

練此拳術，先求姿勢正確，再求互相連貫之精神，熟習之後，須求各勢之用法。再由推手，研求懂勁；由微懂，而略懂，進至無微不覺，無時不然，方稱懂勁。再進至非著非勁，而勁自合；以意運勁，以氣代意；精神所觸，莫之能禦。此既階及神明豁然貫通也。

虛實頂勁，氣沉丹田，不偏不倚，忽隱忽現。

虛者，空也，無意無形之謂。頂者，頭頂也。頭為全身之綱領，又即拳家之機樞。故運勁於腦，貫通於頂，練神歸一，勿使散亂。道家稱此為上丹田、泥丸宮，即藏神之府；又為練神之庫。夫人大腦主思想，小腦主運動，且能支配神經，為主宰之樞府。

道家之謂，丹田有三：一居頭頂以藏神，一居中脘以蓄熱，一居臍下（臍下三寸）以藏精。氣沉丹田，指下丹田而言。常用深呼吸，歸納於此，自能氣足神旺。蓋常人呼吸短促，每至中脘而回（即橫膈膜也），不能下達；因肺力薄弱，循環遲緩之故。

練者應虛心實腹，納新吐故，以心意導精氣於下丹田，則自能血脈靈活，排泄炭養，亦自屹然不動，不易撼倒。但沉者，宜徐徐而下，在有意無意之間；萬不可用力下沉，外臟小腹；倘若不慎，每致發生腸疝諸症。不偏不倚者，中正是也。忽隱忽現者，則若顯若沒，變化千端，令人莫測之謂也。

左重則左虛，右重則右杳。仰之則彌高，俯之則彌深。進之則愈長，退之則愈促。

左重左虛者，即解釋與敵黏手，隱現無常之謂也。敵以吾力在左，欲加重吾左方之力，使失平衡；吾則虛以待之，敵自墮吾術中；右方亦然。杳則不可捉摸之意，使之處處落空，無何可施。仰者，升也。俯者，降也。敵欲提我使上，則我因而高之。敵欲抑我使下，則吾因而降之。使彼處處失中，自受吾制。此即黏隨不去之意。

吾前進時，敵欲順領吾勁，吾即長身隨之，加力主之，使其無法退避。如吾牽動敵身，彼順我而逆之，我當以佯退轉進之法以施之；倘敵隨之深入，吾則或俯身含胸，或折疊動搖，或以指促其腕，或旁按兩脅臂彎，使敵急迫不安，無可再退。

一羽不能加，一蠅不能落。人不知我，我獨知人。英雄所向無敵，蓋由此而及也。

此言善太極拳者，感覺靈敏，一觸即知，雖微小蠅蟲，亦不能加之也。練至虛靈不昧，感而遂通，自有不期然而然之境，我一著一意，必須先期而至，不令使之覺察；則我奇幻突出，敵不及防。彼一略動，我意即知。所謂「知己知彼，百戰不殆」，自能所向無敵矣。

斯技旁門甚多，雖勢有區別，概不外壯斯弱，慢讓快耳。有力打無力，手慢讓手快；是皆先天自然之能，非關學力而有為也。

他項拳術頗多，派別不同，姿勢各異，皆不外乎壯欺弱，慢讓快；而太極拳，則不然。

此拳皆以虛靈懂勁，知力審勢為主。貴謀而不貴勇，貴精而不貴多。敏捷力大皆天賦之能力，與學力實有軒輊之別。

察「四兩撥千斤」之句，顯非力勝，觀耄耋能禦眾之形，快何能為。

四兩撥千斤之句，則言太極拳，以小力能勝大力，以無力能制有力。耄耋禦衆，古今常理：如古之廉頗，今之二宋者（世榮、雲鶴二兄弟也，原籍宛平，寄居太谷），雖老尚能勝衆，非恃手足之快也。

立如平準，活似車輪；偏沉則隨，雙重則滯。

平準者，中正不倚也。活似車輪者，則氣如滾珠，周身如輪，循環不已，活潑不滯之意也。偏者，單重也，指一端而言。例如用一圓形、方形二物，由平坦擲出，圓形必滾出數武，而方形幾動即不動矣。一是一端著地，故靈活無礙。一是兩端著地，則雙重遲滯。故太極拳貴單重，戒雙重。

每見數年純功，不能運化者，率皆自為人制，雙重之病未悟耳。

此歧正之分也。有數十年苦功者，與數年之拳家較；功深者奔北，功淺者凱旋。此皆不明雙重，不知運化，不悟虛靈之病耳。

欲避此病，須知陰陽；黏即是走，走即是黏；陰不離陽，陽不離陰；陰陽相濟，方為懂勁。

此係解釋雙重之意、陰陽之說，茲不復贅。制敵勁時謂之黏，化敵勁時謂之走。彼高我隨之高，彼低我隨之低。知己知彼，斯為懂勁。

懂勁後，愈練愈精。默識揣摩，漸至從心所欲，本是捨己從人，多誤捨近求遠。所謂「差之毫釐，謬之千里」；學者不可不詳辨焉。

懂勁後，為最要關鍵，萬勿稍懈，如獲無窮之益。再向不拘成見，毋彼毋我上面求功夫，方能審微入奧，由悟而覺，所謂「登堂入室」者此耳。

第九章　十三勢歌附十三勢行功心解

十三總勢莫經視，命意源頭在腰隙。變轉虛實須留意，氣遍身軀不少滯。靜中觸動動猶靜，同敵變化示神奇。勢勢揆心須用意，得來不覺費工夫。

刻刻留心在腰間，腹內鬆靜氣騰然。尾閭中正神貫頂，滿身輕利頂頭懸。仔細留心向推求，屈伸開合聽自由。入門引路須口授，工夫無息法自休。

若言體用何為準？意氣君來骨肉臣。想推用意終何在？益壽延年不老春。歌兮歌兮百四十，字字真切義無遺。若不向此推求去，枉費工夫貽歎息！（此歌之意義，前已注明，不再注解。）

十三勢行功心解

十三勢者，掤、攦、擠、按、採、挒、肘、靠、進、退、顧、盼、中定是也。以心行氣，務令沉著，乃能收斂入骨！以氣運身，務令順遂，乃能便利從心。

心與意合，以意行氣，貴沉實，戒輕浮，聽自然，勿勉強。功力日久，自能塡髓壯骨。腹內鬆靜氣騰然，則言以氣運身之意也。只要姿勢平順，自然氣動身至，從心所欲。

精神能提得起，則無遲重之虞。此謂「頂頭懸也」。

精神貫項，周身自然輕靈！不受拙力之支配，始無遲滯之患。

意氣須換得靈，乃有圓活之妙，此謂「變轉虛實」也。

例如與人相黏，彼力在左，我當出其右。我似發未發之間，彼已覺察，我當以別法變換。信手而應，攻其不備。此即變換靈妙之意。

發勁須沉著鬆淨，專主一方。立身須中正安舒，撐支八面。

沉著，乃拳家關重之要訣，一寸不可忽略；偶一失慎，則必驚慌失措，為害甚烈。嘗聞某拳術家，工夫亦純，力量亦大。因困爭西門毆，交手之間，身傷數處。忽有人告之曰：「拳術汝忘之乎。」彼即奔騰再較，大獲勝利。此皆心神忙亂，手足失措，不知沉著之為何物，以致有此極大之失敗也。

後有人告之醒，方知己身是一位千變萬化之拳主家，則可再較凱旋。發勁不可亂發，亂發則無效。必須身鬆氣靜，專一猛施，自然發無不中。其發也，彌六合，則撐支八面何難也。

行氣如九曲珠，無微不到。運勁如百煉鋼，何堅不摧。

此即一氣流動，長行不息之意也，有隙皆通，微空而至，能達四梢，通九竅，順之則行，背之則斷。勁者氣之至也。未發也，蘊於內。其發也，突於外，如炮火然。其彈脫口而出，擋者皆傾！此皆一氣蒸發之力也。

形如搏兔之鶻，神如捕鼠之貓。

鶻之敏捷，多在盤旋之時。兩眼觀準機會，猛然進攻，突去而中！則太極拳以行動之間，倏忽制敵，亦此理也。

貓之為物，最能審機待勢，蓄而後發，其精妙處，全在用神；其功用處，以靜制動。

靜如山岳，動如江河。蓄勁如開弓，發勁如放箭。

山岳之堅，人莫撼動。故言此拳以沉實為主，以川流不息為用。弓張越圓，箭放越速。弓乃富有彈力，箭執於中而後發。故太極拳，誠於中，而發於外，亦此意也。

曲中求直，蓄而後發；力由脊發，步隨身換，收即是放，放即是收，斷而復連。

曲能化勁，直乃發勁。蓄則意之中，發則意之至。脊為內腎之源，又即拳家發勁之關鍵。氣由尾閭上騰，由舉而肩而肘而手指，此皆發勁之意也。步隨身換，則上下相隨也。收者內含牽黏外示弱點，彼身微顫，我即放之，此即栗機而發。放者，內蘊彈簧，彼抗我縮（縮即引也），彼走我放，所謂「若即若離」。

往復須有折疊，進退須由轉換。極柔軟，然後極堅硬；能呼吸，然後能靈活。

折疊，乃是彎曲截勁之意。必須由轉換中，含有進退。似退非退，似進非進，亦即此理。周身柔軟，氣自暢達，偶一用力，氣必阻礙，堅硬為何？氣之所至也。戒拙力，呼吸自能深長，遍體自能靈活。偶一用

力，呼吸自必短促，遍體亦必遲滯。

氣以直養而無害，勁以曲蓄而有餘。心為令，氣為旗，腰為纛。

人之健壯者，氣必深長（由頂至踵）。人之薄弱者，氣必短促（或至中脘而不行）。氣，生命也。其有限制之度量，豈容一絲之消耗？時有因努氣，或練氣功者，發生其他之病患。此皆以有限制之氣，用於他處，而應行流動之氣，自必虧損。故拳術家，更當戒之慎之。勁直無存，勁曲有餘，此當然之理，不再贅述。意動氣隨，皆當以腰為主。

先求開展，後求緊湊，乃可臻於縝密矣。

初步練拳，總以周身鬆活開展為主。俗云：「伸筋拔骨（此指初學者而言），筋長力大。」誠哉是言也！手足能長，彈力必大！手足短縮，彈力必小。磨習既久，自可由長而短，由大而小，伸縮往來，忽高忽低，放則能彌六合，捲則退藏於密，此即拳家之上乘也。

又曰：先在心，後在身。腹鬆氣斂入骨，神舒體靜，刻刻在心。切記一動無有不動，一靜無有不靜。牽動往來氣貼背，斂入脊骨。內固精神，外示安逸。邁步如貓行，運勁如抽絲，全神竟在精神，不在氣。在氣則滯，有氣者無力，無氣者純鋼。氣若車輪，腰若車軸。

打手歌

掤擺擠按須認真，上下相隨人難進。任他巨力來打我，牽動四兩撥千斤。引進落空合即出，粘連黏隨不丟頂。

又曰，彼不動，己不動，彼微動，己先動。動似鬆非鬆，將展未展，勁斷意不斷。

以上三節，極為簡明，所以太極拳之要義，前項已經分析詳註，毋庸贅解。

太極拳各勢名稱

(1)預備式
(2)攬雀尾
(3)單鞭
(4)提手
(5)白鶴亮翅
(6)摟膝拗步
(7)手揮琵琶
(8)左右摟膝拗步
(9)手揮琵琶
(10)進步搬攔錘
(11)如封似閉
(12)十字手
(13)抱虎歸山
(14)肘底看錘
(15)倒攆猴
(16)斜飛式
(17)提手
(18)白鶴亮翅
(19)摟膝拗步
(20)海底針
(21)扇通臂
(22)撇身錘
(23)上步搬攔錘
(24)攬雀尾
(25)單鞭
(26)雲手
(27)單鞭
(28)高探馬
(29)右分腳
(30)左分腳
(31)轉身蹬腳
(32)左右摟膝拗步
(33)進步栽錘
(34)翻身白蛇吐信
(35)上步搬攔錘

(36) 右蹬腳
(37) 左右披身伏虎
(38) 回身蹬腳
(39) 雙風貫耳
(40) 左蹬腳
(41) 轉身蹬腳
(42) 上步搬攔錘
(43) 如封似閉
(44) 十字手
(45) 抱虎歸山
(46) 斜單鞭
(47) 野馬分鬃
(48) 上步攬雀尾
(49) 單鞭
(50) 玉女穿梭
(51) 上步攬雀尾
(52) 單鞭
(53) 雲手
(54) 單鞭下勢
(55) 金雞獨立
(56) 倒攆猴
(57) 斜飛勢
(58) 提手
(59) 白鶴亮翅
(60) 摟膝拗步
(61) 海底針
(62) 扇通臂
(63) 撇身錘
(64) 上步搬攔錘
(65) 進步攬雀尾
(66) 單鞭
(67) 雲手
(68) 單鞭
(69) 高探馬
(70) 十字腿
(71) 摟膝指襠錘
(72) 上步攬雀尾
(73) 單鞭下勢
(74) 上步七星
(75) 退步跨虎
(76) 轉腳擺蓮
(77) 彎弓射虎
(78) 上步搬攔錘
(79) 如封似閉
(80) 十字手
(81) 合太極

第十章　太極拳各勢圖解

1. 預備式

【意義】

預備式（一名無極式）。為太極拳開始第一式。混混淪淪，無我無他，微一著意，即為太極。所謂由無極而太極是也。此不過心理作用，然皆一預備式而已。此式為各式之母，注重於神，理想於氣，順其自然之呼吸，此時眼神向上約視三十度。以精神學而言，向上視屬陰，陰氣上升頭目自清；向下視屬陽，陽火上撞頭目自暈。

故大凡人之遇事，或舉手問腦，或向上看天。此人所共知者，神若

一凝，凡事應意而至。此現代心靈學家之作用，亦無外乎此理也。務須凝神一忘，屏除雜念，俟其自覺心氣已臻沉靜，方可開始行第二式。此之謂由靜而動。

【功用】

而外家以肉體支配技術，此則以精神支配肉體。神凝而氣斂，氣斂而精固，使之元神歸舍，氣達丹田，有暢達氣血之力，與祛病延年之效。順生理之自然，合衛生之要義，無論男女老幼，皆可練習。

【注意】

頭宜頂勁。百會穴在頂，頭乃一身之領袖。後身向前抱勁，係堅固命門之意。因命門為全身之樞機。叩齒唇微開，蓋牙為骨梢，齒叩而力生。咽喉為全身之要隘，咽津潤喉而神自活。頭要豎勁，肩要沉勁，氣要抱住丹田，會陰穴向上提勁。百會穴氣向下沉為順，會陰穴氣向上提

第一圖　預備式

為遂。兩足向下踩勁，足心要空，蓋足心為湧泉穴。足跟踩勁，足尖抓勁。雖然處處注意，然而周身又要靈活，切記絲毫不要有拙力，總以處處用意想像為主。

【動作圖說】

開始時頭容正直，身體直立，眼向平視，兩手自然下垂，兩足平行分開，與肩同寬，以面向南出勢（第一圖）。

2. 攬雀尾

【意義】

攬雀尾之名稱，則取意命名而已。因動作輕靈，彷彿雀飛而過，以手能拈其尾，故而名之。又若兩手持雀尾隨其上下旋轉之意，又名攬切尾。如持敵人之臂亦如雀尾然，則應付自如，隨心所欲之意也。

【功用】

若持敵人之臂如雀尾狀，攬之以緩其前進之力，乘勢前切而擲之也。此則微加解說。若練至功深處，以意斂神，由靜而動，無為而成。一旦豁然貫通，無不從心所欲也。

【注意】

練習時純以神行，切莫用力。手指路線均須成一圓形。眼神須隨手足腰而變動。脊背鬆開，尾閭中正。足跟蹬力，神貫於頂。每逢蹬足時，足跟切莫離地。每逢發手時，必須意達於梢，勿加絲毫之力，勿努絲毫之氣。每一動作，均須肩沉肘墜，鬆腰坐腿。而太極拳中，最難練，最注要者，即為攬雀尾。此式為太極拳中之基礎，故練習時均須格外審慎也。

第二圖　攬雀尾1

【動作圖說】

兩手毫不著力，原姿勢向前向上抬起，以抬與胸齊為標準。復向下蹲，全身重量落在兩小腿上。目視左臂肘手之間，若兩手持雀頭尾狀，隨其上下旋轉之意。隨即左臂微向下垂，成四十五度之形勢。全身半面向左轉，兩足以足尖作軸，隨身體轉成斜方角形。同時，右臂向回抽勁，右肩仍須向前催勁。目視右臂肘手之間。左肩左腰左足成一立直線，面仍向南（第二圖）。

由前式原姿勢不動。左手摟回，與右肘成一立直線，手心向上。左足亦同時至右足脛骨旁，足掌離地約一寸許，左足向左前右踏出一步，全身之力坐於左腿，成為弓箭步。左手同時亦向左前方掤出，手心向裏；右手在左手小臂中部，亦同時落下，垂在左足之右後方。兩足與右

第三圖　攬雀尾2

第四圖　攬雀尾3

手之落點成一銳角形。此時目視左臂肘手之間。此式即名為左掤。面仍向南（第三圖）。

左手不動。左足尖向裏扣，約四十五度之形勢；右足近至左足脛骨旁，離地亦約寸許，足尖向前。右手同時按至左肘下。全身同時向右轉，右足向右前方踏出一步。右手亦同時掤出，左手在臂肘手之間同時垂下。

兩足與左手之落點亦成一銳角形。目視右臂肘手之間。此式即名為右掤。面向西（第四圖）。

第五圖　攬雀尾4

第六圖　攬雀尾5

右臂伸直，手心向下；左手亦同時抬起，手心向上，兩手距離尺許。同時，全身力量移於左腿。目視右手食指。兩手隨身體向後坐時同時攌回。目視左前方。身向後坐時均勿左傾右斜。左肩左胯左足跟成一立直線。右足足尖要抓地。此即為攌。面仍向西（第五圖）。

在上式身體坐回時，右臂即抬起，如抱物狀，手心向裏；左手亦抬起，手心向外，手指立起，擱在左臂肘間，徐徐擠出。全身重量徐徐挪在右腿。左手

第七圖　攬雀尾6

隨擠隨向右手間挪動。抬右臂時目即注視右臂肘手之向。蹬左足時足跟勿抬起。此即為擠。面仍向西（第六圖）。

兩手均向前伸出，手心向下，手指向前，兩手之距離與肩同寬。此時目視兩手之間。兩肩下沉，兩肘下墜。全身徐徐後坐，兩手亦同時按回。目視左手。坐回之落點，上體不可有前栽後仰左斜右歪之病。坐回之時右腿勿伸直。兩手向下按時如按物狀，手與胸齊。面仍向西（第七圖）。

兩手掌再向下向外按力。左胯向前送力，左腿亦同時蹬力。兩手按到極處，微向上翹起。全身重量移向右腿。手仍與胸齊。目視右手。以上第六、第七兩式均為攬雀尾之按。拐回時眼神由左手看至右手為一周。兩手向上起向下落向外按出亦為一周。按出後目視兩手中間。面仍

第八圖　攬雀尾7

向西（第八圖）。

3. 單鞭

【意義】

單者單手之意。鞭者即擊人之皮鞭也。凡太極拳中之樁步，通稱川字步，又名弓箭步，或名弓登步。即兩足一前一後，足尖俱向前。在兩點上，如○○形，或○○形是也。前後斜度及左右距離，宜就身軀高矮以為伸縮之標準。蹲身亦不可過度；若過於費力，既與生理不合，且易引起呼吸短促，實為沉氣調息之大礙也。

【功用】

單鞭之命名假若以鞭擊人之意。有點擊、劈擊、橫出種種之擊法。

蓋太極拳兩足時時變換虛實，使全身重量由兩腿輪流負擔，既可調劑疲勞，且予骨節以相當之活動。此太極拳合於生理之優點也。

【注意】

前手向前運動時，須用通臂勁以助之，略含由上向下擊之意，而前肩與後肩須成水平線。邁前足時須與手相隨，宜敏捷一致。切記凡是川字步，後足之足跟竭力向下蹬勁，足跟勿稍離地；因後足足跟為領氣之源。項要豎勁，足跟要蹬勁，則氣自由脊發。前腿之膝切勿超過足尖。

【動作圖說】

由前式兩手手指向前伸直。左足亦微微挪動，足跟微向內合，全身重量徐徐移於左腿。同時，上身以腰作軸，兩手伸直向左轉動。目視右手。轉至左後方時目即轉視左手。約轉二百四十度度之圓周。此時全身之力左腿占十分之六。左手前伸，右手下塌，手指微翹起。右足在身體

第九圖　單鞭1

第十圖　單鞭2

轉動時足尖隨向裏扣。面向東北（第九圖）。

上式不停。全身重量隨即向右腿移動，仍是以腰作軸。兩手成一平行線，右手微高，左手微低，向右轉動。此時目視左手。轉至右後方時目即轉視右手。面向西北（第十圖）。此式向左轉時，左手微高，右手微低。向右轉時，右手微高，左手微低。兩手平行之路線，均成一橢圓形。

右臂不動，右手提起（俗呼勾頭

第十一圖　單鞭3

第十二圖　單鞭4

手，太極拳名提吊手），左手手指同時立起，左臂下垂。目視右手。左足抽回，靠右足脛骨旁。原姿勢不動。以右足尖作軸，全身向左後方轉動，全身約轉二百四十度之圓周。目仍視右手，面向西南，體向東北（第十一圖）。

右手不動，左手由下頦向前發出。左足亦同時邁出，以左膝不能超過足尖為步度大小之標準。此步即為川字步。目視左手食指梢，面向東北（第十二圖）。

4. 提手

【意義】

提者上提之意，如手提重物狀。此式與形意拳中之三體式略為相同，惟內勁不同耳。

【功用】

此式雖極簡單，然善能應敵。若敵用拳迎面出來時，我即由上搭其臂，用腕擠擲之；或蹲身下坐，向上以擊之，用左手下按敵腕，右手上擊敵之頦、鼻等處。

【注意】

此式係練習脊骨之伸縮力，與力學有密切之關係。故練習此式之時，頭宜頂勁，兩臂宜鬆勁，兩胯宜抱勁，兩腿宜坐勁。前足尖要抓地，後足跟切莫離地。左胯與左足跟成一立直線。右手之高度不可過肩，兩肩宜抱攏、下沉，肘宜竭力下墜。右手如提物，左手如擠物。右膝外開，左膝內合。掌心宜空，尾閭中正，氣沉丹田。

【動作圖說】

右手不動。以右足尖作軸，右足跟微向裏轉成一直形，全身力量徐徐向右腿挪移。左手原姿勢向右轉動。左足尖抬起與左手同時亦向右轉動，轉至足尖向前，目視左手，與左手左足務須一致轉動，轉至身體正向南，左手對胸為止（第十三圖）。

第十三圖　提手1

左手不動。全身重量再徐徐向左腿挪移，左足跟抬起，微向裏扣，右足離地。右手之吊手亦隨身體挪動時

第十四圖　提手2

與右足同時向左轉至對準胸前，即將吊手鬆開，肘往下沉，左手亦微沉。右足亦同時落地。右肩微前，左肩微後，成一側面形勢。目視右手，面正向南（第十四圖）。

5. 白鶴亮翅

【意義】

此式兩手兩足均為一上一下，一伸一屈；兩臂斜開，作鳥翼狀，如鶴之展翅。故觀華佗五禽經之鳥形，閩之鶴拳，婆羅門導引術第四式之鶴舉，及第十二式之鳳凰展翅，均取此意。此拳有斜展正展之別，實則

斜為展翅，正為亮翅。右足實，左足虛，亦如鶴之獨立。右手斜伸，左手下按，又如鶴之展翅。以象形取義而得名。

【功用】

此式善能伸縮運動胸背各部。對敵時或橫擊，或拎提。如敵在右側，我則可用右臂上擠，右手亦可從敵腋下穿提上展，則敵必倒矣。此式並能引神貫頂，靈通於神，活潑於氣，周身血液暢達，則百病不生矣。

【注意】

善能運動胸部及背部之伸縮力。練習時切記虛領頂勁。查人之頭部，大腦在焉。大腦皮質，有種種神經中樞，分司人體各機關之責，其重要自不待言。而頭容要直，為各家拳術所同有之姿勢。正直之法，切忌用力，用力則肌肉收縮，其流弊所至，不但有礙於血液之暢行，與呼吸之順利，且足使大腦皮質與腦脊髓間之連絡在無形中發生許多障礙，及不良之影響。而學者豈可不審慎焉。

【動作圖說】

承上式不停。左足以足跟作軸，右足以足尖作軸。同時，兩手貼近身體，自然落下，全身向左轉動，左手隨轉隨向上起，右手隨轉隨向下落。左足尖向前向外約成二十度之斜角，右足跟抬起向後蹬力，全身之力擱在左腿。目視左手。兩手距離尺許，如抱物狀。面向東（第十五圖）。

第十五圖　白鶴亮翅1

上體左足不動，右腿抽至左足脛骨旁，切莫著地，向右方微前橫踏出一步，足尖微向外撇。同時，兩手如撕物

第十六圖　白鶴亮翅2

第十七圖　白鶴亮翅3

狀，如白鶴之展翅，平行分開，右手心向上，微高；左手心向下，微低，兩手距離約二尺許。目視左前方兩手之中間。全身之力移向右腿。面仍向東（第十六圖）。

承上式不停。左腿抽回，足莫落地，貼近右足向前邁出半步。項要豎力，頸宜頂力，全身抬起。右手如提物狀，向上撐力；左手如按物狀，向下按力。右手之高度勿超過頭頂，右肘向前，左手貼近左肘。目平視，面仍向東（第十七圖）。

6. 摟膝拗步

【意義】

摟膝者，即手摟膝蓋之意。拗步者，即不順之步也。如出左足伸右手，出右足伸左手，此之謂拗步。雖其他拳術亦有此類之步，然內勁迴乎不同也。

【功用】

蓋太極拳重意不重形，明足以舒展筋骨，暗足以調和氣血。一切姿勢，純任自然，平正簡易，毫不費力，實與人體各部之發達有補助之功，無妨害之弊也。

遇敵由下方用拳或腿出來時，我即可以順手向旁摟開，拗步前進，以手前推出其胸。

【注意】

此式若以原方向拍照，因恐兩手部位不清，故由正面拍照。練習時注意說明可也。兩臂之動作，全憑腰力運轉。兩肩塌力，前肘墜力，發出之手切莫伸直。足踵蹬勁。故此式係運動兩臂腰膝之屈伸力。此步即為前述之川字步。

【動作圖說】

由前式右手向前向下落下，手心向上；左手向左向上抬起，貼於面之左部，距面約四寸許。目之視線由左而前而右，約半周，注視右手。全身亦隨之微向下坐。項宜豎勁，脊背宜鬆。全身重量落於右腿。兩足仍以原方向不動，姿勢仍向東（第十八圖）。

第十八圖　左摟膝拗步1

第十九圖　左摟膝拗步 2

第二十圖　左摟膝拗步 3

原式不動。兩手自然下垂。左足順原方向抬起，離地約尺餘，全身重量寄於右腿，切莫蹬直。目視右後方，姿勢仍向東（第十九圖）。

兩足皆不動。右手由後向上，所行之線為一百八十度之半周，貼近耳旁，手指向前。目視右手取一致動作。右手接近耳旁時目即前視。左手同時向左膝摟過，停於膝之左部，手指亦向前。後腿下坐，面向東（第二十圖）。

左足向前開出一大步，微偏左，成為川字步。左手向下按，手指向前；右

第二十一圖　左摟膝拗步4

手向耳旁發出，發手時肘宜沉力，掌心吐力，手指向上。後足蹬勁。目視右手，面向東（第二十一圖）。

7. 手揮琵琶

【意義】

兩手如抱琵琶以指撫弦者然。此式雖極簡單，而意想極其複雜。蓋凡是一種運動，應確信其心有當然之效果，而加以想像之。如意欲行氣，則應作行氣想；如意欲沉重，則應作沉重想；如意欲沉氣，則應作氣沉丹田想。推之一切方法，皆應作如是想。此種方法一經道破，固極簡單，然其宏效則非常迅速也，亦如形意拳中之三體式，然其意義與提手略同。所不同者，惟吾人每一發手，多喜先出右手。此為拳家向例之通病。此式則獨操其左，久而自然，尤易出奇制勝也。

【功用】

增進臂力，力能達梢。延長右腿之支撐力，遇敵久持。如敵當胸擊來時，吾即將右手向懷內後撤，以柔化其力；同時，用左掌按其肩，猛向前推。此謂登堂入室，則必應手而仆矣。

【注意】

進後足時，全身勿稍上聳。抬左手時，以全身之力由脊而肩而肘而手發之於梢，肘向下沉，手向下塌。

右胯與右足踵成一立直線。

第二十二圖　手揮琵琶

【動作圖說】

左足不動，右足向前進半步。左手順原方向抬起，如挑物狀；右手順原方向微向下按，兩肘下垂。左足向前微進尺許，兩足之姿勢與提手略同，惟反正不同耳。此步即名為子午樁。目視左手，面向東（第二十二圖）。

8. 左右摟膝拗步

左摟膝拗步一

此式與十八圖同，方向動作參看十八圖便可明瞭，不另插圖。唯十八圖係由白鶴亮翅化為摟膝拗步，此則以手揮琵琶變為摟膝拗步。左手向上屈回，靠近面之左部，右手順原方向微向下落，即與十八圖相同也。

左摟膝拗步二

此式與十九圖同，參看第十九圖，不另插圖。

左摟膝拗步三

此式與二十圖同，一切動作參看第二十圖，不另附圖。

左摟膝拗步四

此式意義與二十一圖同，參照第二十一圖便可瞭解，不另插圖。

右摟膝拗步一

此式意義、功用、注意，均與左摟膝拗步同，參看第十八圖摟膝拗步各條，便可明瞭，惟反正不同耳。

【動作圖說】

承前式之左摟膝拗步。上身之體重移於右腿，左足尖翹起。右手微高舉，如抱物狀；左手微沉，如摟物狀。右手之高度不可過頂。目視左前方，姿勢仍向東（第二十三圖）。

第二十三圖
右摟膝拗步1

兩足之姿勢不動，左足尖微外撇，約四十五度，全身重量寄於左

第二十四圖
右摟膝拗步2

第二十五圖
右摟膝拗步 3

腿，上體竭力下沉。同時，左手順原方向向後橫出，手心向下；右手抽回，貼近面之右部。用腰轉力，全身成一螺螄形，後腿似屈非屈，似直非直。目視左手，面向西，姿勢仍向東（第二十四圖）。

左足之姿勢不動，後足抽回，用左胯之力將上身撐起。兩手同時自然垂下。身體立起時右腿即挪在前方。目視兩手之中間，姿勢向東，面向西北（第二十五圖）。

下體不動。左手抬起肘下垂，貼

第二十六圖
右摟膝拗步4

第二十七圖
右摟膝拗步5

近耳旁；右手伸直，由右膝按過，停於膝右。上胯微下坐。目向前向下約視三十度，面向東（第二十六圖）。

右足向前開出一大步。右手下按，手指向前，靠於膝之右部；左手向前發出，掌心吐力，指翹肘垂。此步即為川字步。目視左手，全身向東。後足踵蹬勁（第二十七圖）。

左摟膝拗步二

【注意】

此式因使兩手明顯易學，故由正面拍照。凡此拳中之姿勢，注重使學

第二十八圖
左摟膝拗步1

第二十九圖
左摟膝拗步2

者能可一目了然，故拍照時務求明顯，以便易於模仿。練習時，切勿以照片之方向為拘，注意動作之說明可也。

【動作圖說】

承接右摟膝拗步第五式。兩足不動，全身向後坐。左手微抽回，落於頭之左前方，右手翻至手心向上，兩手如抱重物。右足尖微翹起。目視右前方，姿勢向東（第二十八圖）。

下體不動，全身之力移於右腿，上體下坐。右手後撐，手心向外；左手屈回，肘下垂，貼近面之左部，手指向上。目視右手。左足踵抬起。姿勢向東（第二十九圖）。

左摟膝拗步三

承上式，兩臂自然下垂。全身立起，左足抽回抬起，離地尺許，右腿切莫蹬直。其意義姿勢與第十九圖同，不另插圖。

左摟膝拗步四

此式與二十圖同。其動作圖說，參看第二十圖，不另插圖。

左摟膝步五

此式與二十一圖同。其意義動作說明，參看第二十一圖，不另插圖。

9. 手揮琵琶

此式意義、功用、說明，均與二十一圖同，參看第二十一圖便可明瞭，不另插圖。

10. 進步搬攔錘

【意義】

搬攔錘者，即搬開敵人之手，而攔阻之，復用拳迎擊之稱。南人稱拳為錘。此錘為太極拳五錘之一。五錘者，由肘底看錘、撇身錘、進步栽錘、摟膝指襠錘，是也。

【功用】

敵拳當胸擊來時，我即順手向外搬開。敵外逃，我即攔之，乘勢且可直擊敵胸。

此式善能活潑兩胯，並能延長腿力。明足以舒展筋骨，暗足以調和氣血，於人體各器官之發達，有密切關係也。

【注意】

此式係運動脊椎，活潑肩胯。練習時，須空腋鬆肩。擊出之拳，不可握緊；蓋握緊則氣滯，而內力亦無由發出。發拳須用脊力擊出。後腿彎切莫蹬直，不可探身向前；蓋探身則僅為腰力，易向前傾。

【動作圖說】

兩足之姿勢不動，均以足尖作軸，左足轉成平橫，右足足尖對左足脛骨，成為丁字步形，全身下坐，以腰作軸，向左轉動。左手屈回緊靠右肩，右手由左腋下向後擊出，手心向上。右腿勿蹬直。目視右拳，姿勢向東，面向西（第三十圖）。

第三十圖
進步搬攔錘1

左手不動，右手貼身抬起，向上向前轉動，翻至手心向上。左足尖在右手轉動

第三十一圖
進步搬攔錘2

第三十二圖
進步搬攔錘3

時亦同時足尖翹起，以足跟為軸，轉至足尖向前。左手順右肘之直線向前發出，如劈物狀；同時，右拳抽至右脅下。右足亦同時邁出，足掌落地，成為衡直，邁步時身體切勿抬起。目視左手，姿勢向東（第三十一圖）。

　　左手不動，右足尖翹起，以足跟為軸，轉至足尖向前。右手順左手所指之方向向前擊出，拳眼向上。左足亦同時開出邁大步。切記邁步時身勿抬起。左手按在右手肘間。成為弓箭步。目視右拳，面向東（第三十二圖）。

11. 如封似閉

【意義】

封閉者即封鎖敵人之意，與岳氏連拳之外推手、形意拳之虎形，其意均同。惟虎形是子午跡，此則弓箭步耳。

【功用】

用搬攔錘時，敵若以左手截吾右拳，我即以左手從下方攔其手，右拳撤回，後出雙手向前推之。此式善能運動腰胯，伸縮兩臂。而太極拳有治病特效之原因，實由不使呼吸與循環絲毫失其常度，故雖有肺病者，亦可練之，定奏奇效。其他可治之病，自不待言。

【注意】

撤拳時，須將拳帶回。全身後坐。切不可僅屈臂彎。搭腕時不可停滯，應須分開前推。分開時，兩肘須微屈，肘尖下垂近脅，不宜旁開使勁分散。前進時手掌宜前伸，掌心吐力；不可用正掌。

【動作圖說】

第三十三圖
如封似閉

承上式。右手不動，左手抽至右肘外，手心向外；同時，右拳變為掌，手心向上。身體同時向後坐身，成為子午樁。兩手翻至手心向裏。面向東（第三十三圖）。

如封似閉第二式

承接第一式。兩足不動。兩手翻至手心向外。右足蹬力，向前發出。目視兩手之中間。

此式因與攬雀尾之按同（即前第八圖），故不另插圖。所不同者，因第八圖係右足在前，此則左足在前耳。

12. 十字手

【意義】

十字手者，兩手交叉相搭如十字之謂也。凡兩式相連，轉折不便者，均可加十字手，以資銜接。

【功用】

能運用兩臂，引勁達梢，增長足尖之抓力，與全身之坐力。

【注意】

此式坐身時，上身切莫前傾。右臂抽回時不可過頂。身體站起時須速接下式，不可稍有停頓。

第三十四圖
十字手 1

第三十五圖
十字手 2

【動作圖說】

承接如封似閉第二式。右手抽回，左手下按。全身向右轉動，左足尖同時以足跟為軸，向裏勾回轉至足尖向南；右足以足尖為軸，微向外撇。目視左前方之下。全體下坐，姿勢向南（第三十四圖）。

左足不動。右手下落，右手與右足同時收回，與肩同寬。停止。全身下蹲。右手在外，左手在裏，兩手手心均向裏。身體再徐徐上起。目視前方，面南（第三十五圖）。

13. 抱虎歸山

【意義】

抱虎歸山者，假若敵人為虎，抱而擲之也；又名抱虎推山，如敵思逃走，即乘勢前推。兩說均與理合。惟學者多於此式不加注意，以致與後式之擠按，誤為攬雀尾。學者宜慎之慎之。

【功用】

倘敵自吾右後側擊來，我宜以右手下按其臂，以左掌迎面擊之。若敵以左臂乘勢上抬，而左轉擊吾頭部，我應即進身以右臂承接其臂根，圈右臂後以抱敵身。設敵欲遁逃時，我可回身以右手外捌，雙手向前推其胸。

【注意】

此式須以腰身運動肩臂，宜貫串氣，相連如抽絲為要。弓右足時背

第三十七圖
抱虎歸山2

第三十六圖
抱虎歸山1

椎萬勿前挺，否則成為上重下輕之勢，最易受擊而倒。無論任何姿勢，皆宜沉肩合胸為主，其氣自能暢達丹田也。

【動作圖說】

承上式。兩足足尖作軸，身體向下蹲，向右轉動。兩手自然垂下，貼身向外畫一百八十度之圓周。全身重量寄於左腿，右足亦同時向右後方開出半步。兩手心均向下。目視右手，面向西北。兩足不動（第三十六圖）。左手向上向前畫前半周之圓

第三十八圖
抱虎歸山3

形，手心向下；右手下沉，翻至手心向上。兩足同時向前進步。目視左手。兩手如抱物狀。姿勢仍向西北（第三十七圖）。

左手不動，右手向後而上而前畫一三百六十度之圓周，翻至手心向下；同時，左手原姿勢向下沉，翻至手心向上。身體下蹲，全身之力寄於左腿。此式與攬雀尾之攌微同，惟所行之線不同耳。姿勢仍向西北（第三十八圖）。

抱虎歸山四

此式與第六圖落成之姿勢同，所不同者惟內勁稍有差異。因其攬雀尾之擠，係平行擠出，此式則由下而上擠出。參照第六圖攬雀尾之擠，便可明瞭，不另插圖。

抱虎歸山五

承上式不停。兩手同時按回，與第七圖之按略同。所不同者，惟此式係按至極矮之低度，兩手與第七圖之按同，兩足與三十八圖之矮度同。可參照以上兩圖，便可明瞭，不另插圖。

抱虎歸山六

此式與第八圖攬雀尾之按完全相同。其稍差者，則此式係由矮處向上按出，參照第八圖，不另插圖。

14. 肘底看錘

【意義】

一名肘底錘，又名肘下錘。有謂此式意在看守門戶，防敵襲擊之意。我云則不然，而內蘊衝擊、黏手、搖身、劈擊之手法。若模仿大概較易，若實際懂勁則難。凡是一種勁，其中含有抵抗性，不問勁之大小，皆可謂之剛勁。反之若一種勁，能隨敵勁以為伸縮，不含抵抗性者，應皆謂之柔動。若無柔動，偶遇勁敵，便無復活之望。此種剛勁，亦可謂之死勁。剛勁以強為勝，遇敵則折，勢所必然。其致敗之由，雖與死勁不同，然其結果則無差異。若以活勁與死勁較，則勝敗之數，不卜可知。學者對於此式之勁，萬勿忽視，應詳加注意焉。

【功用】

此式善能活潑周身之關節，與暢達血液之循環，久練著熟，自可從心所欲。

【注意】

宜注意三合，即肩與胯合，肘與膝合，手與足合是也。於出拳時，身須隨之微向前，有含胸之意；同時，尤宜鬆腕聳身。

【動作圖說】

承接上式之按。其動作解說均與第九圖同，不另插圖。此式即為肘底錘之第一式。面向東。

肘底看錘二

此式動作解說意義均與第十圖同，不另插圖。惟右足微向外撇。承第二式右足不動，左足抽至右足脛骨旁不停，足尖向外撇，向左開出一大步。左手與左足皆為同一動作。手足所行之平行線約二百四十度。左手心向上，右手心向下。面向南（第三十九圖）。

第三十九圖
肘底看錘3

左足不動，右足與右手同時向前畫一百八十度之平行線。兩手同時向左後方轉動，左拳勾回，手心向上停於左

第四十圖
肘底看錘4

第四十一圖
肘底看錘5

脅，右手停於身體之左。目視左拳。全身之力寄於右腿，兩足尖向東，姿勢亦向東（第四十圖）。

承上式不停。右手下按握拳，左拳前出變掌。左足提起靠近右足之脛骨旁，向前開出一步，成為子午樁。目視左手。右拳擱於左肘下。面與姿勢均向東（第四十一圖）。

15.倒攆猴

【意義】

倒攆猴者，則取其輕靈敏捷進退自如

之意。以其退步之速，能追逐於猴而故名；或語猴善撲人，以退步能避其鋒。又名倒攆後，即向後倒退引敵趕來，隨以手乘勢襲擊之意。

【功用】

設敵以拳擊或足踢時，我即以前手下搌，後手迎面前擊。

【注意】

兩腿彎須微屈。足尖與足跟前後宜成直線。頭宜頂，身軀宜正，穀道內提。

第四十二圖
右倒攆猴1

【動作圖說】

承上式左手微下沉，右手變掌向後向上擊二百四十度之圓形，如抱物狀。同時，左足後撤，姿勢下沉，足跟抬起。成為丁字步之形勢。目視右手下上。姿勢向

第四十三圖
右倒攆猴2

第四十四圖
左倒攆猴1

東，面向西，全身重量落於兩腿中間（第四十二圖）。

兩足之距離不動，右足以足尖作軸，全身向左轉動。右手同時向前擊，手心向下；左手後撤，擱於左脅下，手心向上，與形意拳之子午樁略同。全身重量寄於左足。目視右手，姿勢向東（第四十三圖）。

右手下沉，左手向後向上擊半圓形，約二百四十度，如抱物狀。同時，右足後撤，姿勢下沉，足跟抬起，成為丁字步之形勢。目視左手，姿勢向東，

第四十五圖
左倒攆猴2

面向西。全身重量落於兩腿之中間（第四十四圖）。

兩足之距離不動，左足以足尖作軸，全身向右轉動。左手同時向前擊，手心向下；右手後撤，翻至手心向上，擱於右脅下。目視左手，姿勢向東。此式與第二式同，惟反正不同耳（第四十五圖）。

倒攆猴五

此式動作解說與第四十二圖同，不另插圖。

倒攆猴六

此式動作解說與第四十三圖同，不另插圖

16. 斜飛式

【意義】

此式如鳥之展翅而飛，故名。

【功用】

此為騰手法。如右手與敵左手相搭，即以左腕上挑敵腕，以右手進擊之。

【注意】

宜含胸拔背，以腰為主。開步斜飛時，兩肘須微沉，右手上挑左手下按。兩手分開之時，如撕綿之意。

【動作圖說】

承第六式姿勢不動。左手在原方向抬起，翻至手心向下；右手下

第四十六圖　斜飛式1

第四十七圖　斜飛式2

沉，落於襠之中間，手心向上，兩手如抱球狀，距離尺餘。目視兩手之中間，姿勢向東（第四十六圖）。

右足抽回靠近左足脛骨。兩手不動。以左足尖作軸，全身向右轉九十度之角度。兩手斜形分開。向南開出一大步。左手心向下，右手心向上。目視左手。步為南北，姿勢向東（第四十七圖）。

17. 提　手

承接斜飛式第二式。姿勢不動，左手與左足向前挪六十度之圓度。全身重量向左腿挪移。右手微向後撤。目之視線由左手而右手。落成之姿勢如第十四式同。

18. 白鶴亮翅

白鶴亮翅一

此式意義、動作解說均與第十五圖同，不另附圖。

白鶴亮翅二

此式動作解說與第十六圖同，不另附圖。

白鶴亮翅三

此式動作解說與第十七圖同，不另附圖。

19. 摟膝拗步

左摟膝拗步一

此式意義、動作解說均與第十八圖同，不另插圖。

左摟膝拗步二

此式動作與第十九圖同，不另插圖。

左摟膝拗步三

此式動作與第二十圖同，不另插圖。

左摟膝拗步四

此式與第二十一圖同，不另插圖。

20. 海底針

【意義】

有云此式係向下刺海底穴者，我云則不然。查海底穴為人體重要之穴，在前陰之後，後陰之前，襠之中間。此式即向下刺，焉能命中於對方襠之中間。

我嘗云海底針為太極拳中最難練之姿勢，為蓄以待發之勢，重緊湊，戒開展；譬如炮然，捲得愈緊，放得愈響。學者宜注意義。

【功用】

涵胸乃使心窩微向內凹，俾內部橫膈板因胸部向內壓迫則氣自能降下。拔背乃使背部微如弓背之突出，回復初生時之垂直性，則內氣自能下降。鬆腰則腰自能下沉，腰沉氣亦必沉，使兩足增力，下盤穩固。

第四十八圖　海底針

【注意】

涵胸、拔背、鬆腰，萬勿拔腰；拔腰有提氣之弊。

【動作圖說】

承左摟膝拗步第四式。左足左手不動，右足向前進半步。右手抽回。目視右肘。左肘下沉，同時右手下刺。眼即轉視前方。每逢推手採人，用此式最為適宜。姿勢向東（第四十八圖）。

21. 閃通臂

【意義】

通臂者，使脊背之力通於兩臂也；或云扇通臂，擬兩臂為扇幅，脊椎為扇軸，如扇之分開狀，故而名之。

【功用】

練習肩背之力，能達於梢。設敵以右手擊來，我即上左腿，以右手反刁敵腕，舉臂上提，以左掌擊敵脅下；或以右手反刁，左手上托，則敵肘必斷。

第四十九圖　閃通臂

【注意】

此式係練習腿力及肩背之力。運動時，左掌心之力須向前與左脅骨相應，同時，右臂之力，須於左手蹲身上起時宜使臀部下垂，則尾閭自然中正。蓋初練之人，稍稍蹲身，便將臀部外突，致使脊椎骨間受不自然之壓迫，實與氣分有極大之阻礙。

【動作圖說】

下體不動。右手抬起，左手亦同時屈回，兩手如抱物狀，停於面前，左手向前擊出。左足同時向前開出一大步。右手停於右額之前。姿勢向東（第四十九圖）。

22. 撇身錘

【意義】

撇身錘者，使身折疊腰部後撇，復用腕進擊之謂。此錘為太極拳五錘之一。

【功用】

靈活腰脊，堅實內臂，以意行氣，勁能直達於梢。倘敵人自後方擊來，吾可向後撇身，屈肘擒制敵臂，乘勢抬步握拳迎擊。

第五十圖　撇身錘1

第五十一圖　撇身錘2

【意義】

撇身時，手腿動作須以腰脊為樞紐，方能靈活自如。

【動作圖說】

左手不動。全身重量微向右腿挪移，左足尖勾回，全身後轉。右手由額前經過，順勢落下，停於兩膝之間；左手順原姿勢屈回，靠近右肩。同時，右足抬起，離地尺許，姿勢下沉，面向西（第五十圖）。

右手攥拳，貼胸向上向外轉三百六十度之圓形，翻至手心向上，左手由右肘間擊出。同時，右足落地，成為川字步。目視左手，姿勢仍向西（第五十一圖）。

23.上步搬攔錘

此式意義、解說、功用，均與第三十一圖、三十二圖同，不另附圖，參照前圖便可明瞭。

24.攬雀尾

此式意義、功用、注意、解說，均與第二十三圖、第四、五、六、七、八圖同，不另插圖。

25. 單 鞭

此式意義、功用、注意、解說，均與第九、十、十一、十二圖同，參照以上各圖，便可明瞭，不另插圖。

26. 雲 手

【意義】

雲手者，則手之運動盤旋回轉如雲之謂也。此為太極拳中最要之姿勢。兩手之旋轉運行，與少林拳之左右攀援手略同。

【功用】

蓋進退、虛實變化，有不得力處，亦全恃腰部轉動，以資補救。故此式善能增進腰部之靈活，久之自可運用自如。設敵以左手自前面擊來時，我即以右手向右運開，乘勢進擊；若敵自後襲擊吾右肩，我即可以右手迎觸敵手，翻掌發勁擲出之。

【注意】

雙手運行須圓轉如輪。眼神與腰與手均須一致，而腿須竭力下坐。上體不宜搖擺。頭不宜左歪右斜。眼須注視運行之左右手。

第五十二圖　雲手1

【動作圖說】

承接單鞭第四式。左手下沉，由下而右而上而前約轉一周。在左手之轉動時，左足尖裏扣，左腿之力稍向右腿移動，復歸於左足。右臂自然下沉，手心向下。目視左手掌心，姿勢向南（第五十二圖）。

左足不動。左手下沉，隨沉隨翻，翻

第五十三圖　雲手2

第五十四圖　雲手3

至手心向下；右手貼近身體，由下而左而上，手心向裏。同時，右足向左跟進半步，兩足尖均向前。目視右手，姿勢下蹲，面向南（第五十三圖）。

右足不動，左足向左橫出一大步。右手向上向右翻至手心向外，左手同時翻至手心向上，如抱物狀。目視右手，姿勢向南（第五十四圖）。

兩足皆不動。左手順原方向抬起，翻至手心向裏，右手同時下沉。全身之力微向左腿挪移。目視左手，姿勢向南（第五十五圖）。

第五十五圖　雲手4

【說明】

此式可以連貫練習。以上一式共分四動（其四式共為雲手之一式），每逢練習時，或練三式、五式、七式均可，總以單數為標準。切記，練至與五十三圖相同時，方可接續以下之單鞭。

27. 單　鞭

此式承接雲手之第二式。右手向外畫出，變為吊手；同時，左手屈回，至手指向上，停於右脅間。左足抽回，貼近右足脛骨旁。目視右手。以右足尖為軸，轉至姿勢正向東北，與第十一圖同。

此式不停，接練下式，與第十二圖同，不另插圖，參看前圖便可明瞭。

28. 高探馬

【意義】

高探馬者，即身體高聳，向前探出，如乘馬探身向前之意。

【功用】

設敵以右手進擊吾胸，我即以左手反勢下黏，右手用撲面掌進擊敵胸。

第六十五圖　高探馬

【注意】

此式左足之落點，與右手之擊出均須起落一致，注意上下相隨。

【動作圖說】

承接單鞭（與十二圖同）。左足

勿動，右足向前跟進半步。右手從右耳旁擊出。同時上身提起，兩膝微屈。左足微微向前挪出約十生的，足踵抬起。左手下沉，至手心向上，靠近左脅。目視右手，姿勢向東（第五十六圖）。

29. 右分腳

【意義】

右分腳者，即用腳向右分踢之意。蓋人體各部之發達在生理上均有一定之程序，而太極拳對於身體各部之發達，可云處處平均，無微不至；而足之一部，更切注要。其他拳術之練足，多以劇烈之運用，不但不合生理之程序，尚且發生許多之流弊。故太極拳行功時，一動無有不動，一靜無有不靜，於肢體任何部分，皆無偏重之虞，故在生理上，有補助之功，無妨害之弊。

【功用】

氣能行之於足，意能達之於梢。上擊下踢，手足齊至。發足之速度，超出他拳一倍以上。

【注意】

此式須周身鬆開，須有頂勁。撤手攞手時，須手步一致。踢足時，兩臂宜成水平線，前足尖須平，後腿微屈，全身重量寄於後腿。

【動作圖說】

承上式右足不動。兩手原姿勢以腰為軸，轉至右前方。左足微離地抽回磨脛之後不停，向左後方倒開出一大步；同時，右足尖微扣。左手微抬起，翻至手心向裏；右手順勢落下，亦微抬起，翻至手心向裏，左手在內，右手在外。姿勢下沉，全身之力寄於左腿。目視兩手之中間，面與姿勢均向東北（第五十七圖）。

第五十七圖　右分腳1

第五十八圖　右分腳2

兩手左足皆不動。全身抬起，右足抽回，靠近左足脛骨旁，順勢抬起，向右前方分出，足尖向前探力。兩手同時分開。目視右足，面與姿勢均向東南（第五十八圖）。

30. 左分腳

【意義】

左分腳者，即左腳向左分踢之意。其意義、功用、注意，均與右分腳同。蓋太極拳練習極緩，而用時極速。其原因則輕鬆靈活，毫無阻滯之故也。他拳之練足，務求迅速，臨敵致用，未必是速。總因練時求速，被拙力所捆之故也。

【動作圖說】

承上式左足不動，右足原姿勢屈回。左手微向右挪動，停於左前方；右手微向左挪動，與左手為同一方向，左手微高，右手微低，兩肘均下垂。目視左手，面與姿勢均向東北（第五十九圖）。

承上式。以左足踵為軸，身體半面向右轉，右足向右開出一大步。兩手同時捧起，左手在外，右手在內。目視兩手之中間。右足在南，左足在北，預備提身分腳之意（第六十圖）。

右足不動，全身抬起，左足同時

第五十九圖　左分腳1

第六十圖　左分腳2

第六十一圖　左分腳3

提起，向左前方分出。兩手亦同時分開。目視左足，面與姿勢均向東北（第六十一圖）。

31. 轉身蹬腳

【意義】

此式意義與分腳同。其稍差者一係足尖用力，一係足踵用力。所不同者，一係直接發力，一係旋轉發力。而轉身蹬腳之練習，實較分腳尤難。

【功用】

設敵由身後襲擊時，我即轉身避

第六十二圖　轉身蹬腳

過，並可乘勢用足前蹬，兩手向左右分開，以護膝防敵之摟腿也。

【注意】

須渾身鬆開，全身之力寄於右足。向左轉身時上身宜直立，不可前俯。

【動作圖說】

兩手相合成十字形。左足收回仍提起，足尖下垂；右足立地，足尖隨身向左轉。同時，兩足分開，左手在前，右手在後。左足蹬出，足踵用力，足尖向上向回勾勁。目視左足，姿勢向西（第六十二圖）。

32. 左右摟膝拗步

【說明】

承上式。左足收回，足尖下垂，向前邁步。隨以左手摟膝，右手擊出。以上兩式，與第二十圖、第二十一圖同。再接演右摟膝拗步以下之動作，均與第二十三圖、二十四圖、二十五圖、二十六圖、二十七圖、二十八圖、二十九圖、十九圖、二十圖同，不另插圖，參照以上各圖，便可明瞭。

【注意】

演至與第二十圖相同處，右足立地，左足抬起。左手置於左膝旁，右手貼近右耳，即停止。預備接續以下之栽錘。

33. 進步栽錘

【意義】

進步栽錘者，即進步向前使拳由上下栽之謂也。此錘亦為太極拳中五錘之一。

【功用】

設敵以足踢吾小腹時，吾可抬足以避其鋒；或以左手向外摟開，右手擊敵之小腹。

【注意】

栽錘時，須用脊骨力。頭宜頂，不可傾斜。摟左膝時，左手宜浮靠左膝。

第六十三圖　進步栽錘

【動作圖說】

右足不動。左手摟膝。左足向前開出一大步。右手向下出。目視前方。左手指向前。面向西（第六十三圖）。

34. 翻身白蛇吐信

【意義】

蓋白蛇乃蘄州之毒蛇，口中有絲吐出，人誤觸之無有脫者。此式婉轉靈活，又彷彿如蛇，故以此名耳。

【功用】

此式之用法與撇身錘略同，其形勢毫無差異，惟此式之轉身以腰部作軸，善能引化敵來之勁。

【說明】

承接上式。右足以足尖為軸，左足以足跟為軸，全身之力微向右腿移動。右手變掌，與左手同時抬起，自額前經過。全身向右轉，左足尖勾回。兩手自然擺下。與前第三十八圖同。不停，全身立起。右手貼身翻起，左手順右肘間擊出。落成之姿勢與前第三十七圖同，惟中間結構動作不同耳，不另插圖。

35. 上步搬攔錘

此式意義、解說均見前。承接白蛇吐信。右足抬起，足尖外撇。右手抬起，向前擊出，復收回向外搬，左手自右肘間擊出。全身向右轉，左足跟抬起，上體下沉。右手停於右肋間。目視左手。參看第三十一圖便可明瞭。承上式不停。即接演搬攔錘以下之動作。參看第三十二圖之

第六十四圖　右蹬腳1

第六十五圖　右蹬腳2

動作解說便可明瞭，不另插圖。此式之停止，面與姿勢均向東。

36. 右蹬腳

此式意義、功用、注意，均與分腳、轉身蹬腳同，參照以上之解說，便可明瞭，不再贅述。

【動作圖說】

承上式。左足尖外撇，全身下坐，右足踵抬起，上身左轉。兩手分開，右手下落，左手微翹，兩手心均向內。面向東，預備向右蹬腳之意（第六十四圖）。

左足不動，徐徐立起；右足順勢抬起，不可著力，右膝抬至靠近胸部，足尖勾回，向右蹬出。兩手同時分開，手與肩平。目視右足，姿勢向東（第六十五圖）。

37. 左右披身伏虎

【意義】

此式之氣象，兇猛異常，用法精妙，類打虎意，故而名之。然雖蓄意兇猛，其形體亦甚和緩。其氣蘊於內，而不形於外。

查人之性情不同，實與體質關係密切，凡稍知心理學者，皆能言之。而太極拳偏於柔道，練之既久，便可於不知不覺中，養成一種優美之習慣。若當有暴戾氣者，習之尤有明效。

【功用】

活潑腰脊，增進橫勁。善能避敵，又能蓄勢。以守為攻，以退為進。

【注意】

左右兩式之運行路線，宜成圓形。其交叉線，在大腹之前。左伏虎時，不可過傾於左；右伏虎時，不可過傾於右，以免失去重心。

【動作圖說】

承右蹬腳第二式。左手左足不動，右手微下沉。右足順原方向收回，足尖垂直。目視右手，姿勢向東（第六十六圖）。

第六十六圖
左披身伏虎1

左足不動，右足落於左足處。左手往右與右手隨步隨腰往下往左圓轉而上，兩手握拳，手心向外。

第六十七圖
左披身伏虎2

同時，左足向左後方斜撤半步，身體向左轉，作左弓箭步式，右腿蹬直。右手由丹田而上至胸際，左手在額前，右手在胸之下，上下相對。姿勢向北，目前視（第六十七圖）。

右披身伏虎一

姿勢不動。上身與右足同時提起，左足尖微向裏扣，身體亦隨之微向右轉。兩手皆變為掌。目視左手。此式與第五十九圖同，不另插圖。

承上式左足尖內轉。兩手隨腰右轉。右足向右後方斜撤半步，作右弓箭步式。同時，兩手抽回，如摟物狀，右手翻至手心向外，停於額前；左手亦翻至手心向外，停於胸之下。

姿勢向南，目前視（第六十八圖）。

38. 回身蹬腳

【意義說明】

此式意義、解說，均與前之分腳、蹬腳同，不再贅述。

第六十八圖
右披身伏虎1

承上式兩手分開。全身向左轉，兩足尖抬起，同時亦向左轉。兩手重再交叉。姿勢向北。參看第五十七圖，便可明瞭，不另插圖。

回身蹬腳二

此式動作、解說，均與第六十五圖同，不另附圖。

39. 雙風貫耳

【意義】

此式以兩拳自側方貫擊兩耳，敏捷如風之謂也。

【功用】

第一式為過渡法。如敵人用足踢來，我可抬右足以避之。如敵用拳擊我小腹，我即將敵手格出，順勢貫敵兩耳。

【注意】

兩臂運動與兩足一致，始可完整一氣，活潑無滯。

【動作圖說】

承上式。左足尖微扣，全身半面向右轉，右腿順勢屈回，竭力上提。兩手同時落下，置於右膝之前，手心向上，大指、食指皆伸開，餘

第六十九圖
雙風貫耳1

第七十圖
雙風貫耳2

三指皆捲起。目前視，姿勢正向東南（第六十九圖）。

兩足之姿勢不動。兩手向下向外分開，隨時皆變為拳，翻至手心向外，兩拳同時向中間發勁。右足向右前方踏出一步。目視兩手之中間，面與姿勢仍向東南（第七十圖）。

40. 左蹬腳

【意義說明】

此式之意義、功用、注意，

均見前，不再贅述。

【動作圖說】

承上式左足不動。兩臂分開，皆變為掌。上身微向後坐，右足尖翹起，微外撇。兩手由外而下，相搭成十字形。全身之力寄於右足，左足踵抬起。兩手之大指、食指皆伸展，餘三指皆捲起。姿勢仍向東南，惟面向東（第七十一圖）。

第七十一圖　左蹬腳1

左蹬腳二

承接上式。全身提起，左足亦同時抬起，向左蹬出。兩手亦同時分開。與第六十二圖同，不另插圖。

41. 轉身蹬腳

【意義說明】

此式之意義與前之蹬腳同，惟此式係由旋轉而後蹬出，故名轉身蹬腳。

【動作圖說】

承上式。左足順勢收回，右足以足尖為軸，向右旋轉，約一百八十度，由身體向南轉成身體向北。同時，兩手相搭如十字狀，停於額前。左足竭力橫抬，右腿莫伸直。姿勢向北，目向東視（第七十二圖）。

第七十二圖　左蹬腳2

轉身蹬腳二

承上式。右足不動，左足向左踏出一大步。兩手分開，重行交叉。落成之姿勢與第五十七圖同，不另插圖。姿勢仍向北。

轉身蹬腳三

承上式全身立起。兩手分開。右足蹬出。與第六十五圖同，參照前圖便可明瞭。不另插圖。

身之正面向北，面與右腿均向東。

42. 上步搬攔錘

此式之意義、解說，均見前。承上式之蹬腳，右足落下，足尖外撇。右手外搬，左手擊出。參照第三十一圖，便可明瞭，不另插圖。

面與姿勢均向東。

上步搬攔錘二

此式與第三十二圖同，不另附圖。

43. 如封似閉

此式之意義、解說，均見前，參照前圖，便可明瞭。

如封似閉二

此式與第三十三圖同，不另插圖。

44. 十字手

此式之意義、解說，均見前，參照前圖，便可明瞭，不再贅述。

十字手一

此式與第三十四圖同，不另插圖。

十字手二

此式與第三十五圖同，不另插圖。此式落成之姿勢，面向南。

45. 抱虎歸山

此式之意義、解說，均見前。承十字手第二式，接演抱虎歸山。參看第三十六圖、第三十七圖、第三十八圖、第六圖、第七圖、第八圖，便可明瞭，不另插圖。此落成之姿勢，面向西北。

46. 單 鞭

【意義說明】

編者參考各太極家均云此式為斜單鞭，而在練習時又與前之單鞭無絲毫之差異，何故云為斜單鞭？編者對於此式深加考慮，實無用斜單鞭之必要，今故仍改為單鞭。

【動作圖說】

承上式接演單鞭，與第九圖、第十圖、第十一圖、第十二圖同，不另插圖。惟演至兩手向右雲時，右足尖微外撇。其餘之動作均相同。此勢之落點，面與左手左足均向西南。

47. 野馬分鬃

【意義】

野馬分鬃者，以此式之運動如野馬奔馳，兩手分展如馬鬃左右分披之謂也。

【功用】

設敵進擊吾胸時，我即可進按敵腕，順步至敵腿後，伸臂自敵腋下斜擊上挑。此式又善能活潑腰際，運動脊椎，增進梢力。

【注意】

兩臂分合須腰胯一致，沉肩，鬆腰。運行時須輕靈敏捷，方為合宜。

【動作圖說】

承上式之單鞭。上身微後坐，左足尖外撇，重量隨即重向左腿挪移，右足踵提起。左手順勢屈回，右手由腋下向左後方斜插。目即轉視右手。全身下坐，姿勢向西，面向東（第七十三圖）。

第七十三圖　野馬分鬃1

左足不動，右足進至左足脛骨旁，不停，即向右前方踏出一大步。兩手隨同分開，如撕物狀。兩手與右足務須動作一致。目視右手（第七十四圖）。

上身微後坐，右足尖外撇，重量隨即

第七十四圖　野馬分鬃2

第七十五圖　野馬分鬃3

重向右腿挪移，左足踵提起。右手順勢屈回，左手由腋下向右後方斜插。目轉視左手。全身下坐，姿勢向西，面向東（第七十五圖）。

右足不動，左足進至右足脛骨旁不停，即向左前方踏出一大步。兩手隨同分開，如撕物狀。兩手與左足務須動作一致。目視左手（第七十六圖）。

野馬分鬃五

此式與第七十三圖同，不另插圖。

野馬分鬃六

此式與第七十四圖同，不另插圖。

第七十六圖　野馬分鬃4

48. 上步攬雀尾

此式之意義均見前，不再贅述。承上式右足尖微撇。右手微屈。左足進至右足脛骨旁，不停，向前進步。左手同時掤出。與第三圖、第四圖、第五圖、第六圖、第七圖、第八圖同。參照以上各圖，便可明瞭，不另插圖。

此式之落成，姿勢向西。

49. 單鞭

此式之意義均見前，不再贅述。承上式之攬雀尾，即接演此式。參照第九圖、第十圖、第十一圖、第十二圖，便可明瞭，不另插圖。

50.玉女穿梭

【意義】

此式先前進，次後轉；又前進，復後轉，周行四隅，綿綿不斷，如穿梭狀，故名。

【功用】

設敵以右手自正面擊來時，我即可順左步右手上捧，左手隨步向敵臂按出。若敵自後側方擊來時，我則可回身以拗手旁纏敵腕，隨進順步，以順臂上捧敵臂，伸手擊敵胸腋等處。

【注意】

轉身時須腰步相隨，運用一致。方向雖斜，而身體姿勢仍宜中正。

切記發掌時掌心間表示微有突意，以為引伸內勁之助；然亦不可誤為發

第七十七圖　玉女穿梭1

第七十八圖　玉女穿梭2

勁。蓋過於用勁，則非僵即脆，僵則遲鈍，脆則勁斷。

【動作圖說】

承上式。兩足仍原距離，全身向右轉，左足尖裏扣。右手變掌微翹，左手貼身向右肋斜插，手心向外。全身約轉一百八十度，右足尖外撇，左足踵抬起，全身下坐，由面向東北轉至面向西南（第七十七圖）。

右足不動，左足進至右足脛骨旁，向左前方進步。左手上掤，右手屈回，順左手擊出。面與姿勢均向西南(第七十八圖)。

玉女穿梭三

承接上式。右手抽回，左手下按。左足尖回扣，重量寄於右腿。參照第三十四圖便可明瞭，不另插圖。

承接上式。全身之力向左腿移動，右足抽回提起，全身右轉，以左足踵為軸。兩手自然下垂，右手上掤，左手順右手擊出。右足同時向前開出一大步。面與姿勢之方向由西南轉至東南，約徑二百七十度。目前視（第七十九圖）。

第七十九圖　玉女穿梭3

兩足之距離不動，右足尖外撇，左足踵抬起，全身下坐，重量寄於右腿。右手屈回，靠近左肩；左手向右肋斜插，手心向外。目視左前方（第八十圖）。

第八十圖　玉女穿梭4

玉女穿梭六

承上式。左足進至右足脛骨旁，不停，向左前方開出一大步。左手上掤，右手順左手擊出。此式與第七十八圖同，不另插圖。落成之方向，面與姿勢均向東北。

玉女穿梭七

此式與玉女穿梭第三式之動作解說同，參照第三十四圖，便可明瞭，不另插圖。

玉女穿梭八

此式與玉女穿梭第四式之動作解說同，參照第七十九圖，便可明瞭，不另插圖。此式之落成，面與姿勢均向西北。

51. 上步攬雀尾

承上式。右手下沉，左手向前掤出。左足向前進步。參照前攬雀尾之第一圖、第四圖、第五圖、第六圖、第七圖、第八圖，便可明瞭，不另插圖。此式之落成面與姿勢均向西。

52. 單　鞭

此式承接上式，參照第九圖、第十圖、第十一圖、第十二圖，便可明瞭，不另插圖。

53. 雲　手

此式之銜接、解說，均見前，參照以前雲手各條，及第五十二圖、

第五十三圖、第五十四圖、第五十五圖，便可明瞭，不另插圖。

54. 單鞭下勢

【意義】

單鞭下勢者，即由單鞭而身體下降之謂也。

【功用】

敵以猛力撲吾身，或以兩手握吾臂，不能抵抗時，我則可用蹲身下坐，揉避敵力，令其落空，即乘勢猛擊其頭胸各部。

【注意】

蹲身時脊骨須直立，不宜前傾。膝臂屈伸時，與身體之起落務須一致。

第八十一圖　單鞭下勢

【動作圖說】

承接雲手，與第五十三圖相同時，即變為吊手。左足微離地，靠近右足脛骨旁，即向左橫出一大步，全身隨即撲下。左手向前下方擊出，右手之姿勢不動。目視左手。全身向南，面與左手均向東（第八十一圖）。

55. 金雞獨立

【意義】

或云雞喜獨立。此式一足立地，一足提起；手臂上揚，作展翅狀，若金雞獨立然，故名。

【功用】

善能增進兩腿之支持力，與膝骨之彈力，和兩足之蹬力。

【注意】

立地之腿彎不可蹬直。蓋不如此，則全身重量偏於骨骼之支撐，不但有形勢不穩與變換不靈等弊，且肌肉各部之力，亦因之減少；在生理上，亦非所宜也。

第八十二圖
金雞獨立 1

【動作圖說】

左足左手不動，右手掠地，順身向前向上穿出，手指向上。右足與手取一致動作提起，足掌宜平，左足尖亦同時微撇。左手下按。目前視，姿勢向東（第八十二圖）。

承上式。右足向右後方撤半步。右手亦同時下按。全身竭力下坐。左手抬起，手指向上。左腿與左手取一致動作，同時提起，足掌宜平。目前視，姿勢仍向東（第八十三圖）。

第八十三圖
金雞獨立2

56. 倒攆猴

【說明】

此式意義、解說均見前。承接上式，左足向後撤一大步。左手下沉，手心向下，右手翻起。目視右手。參照第四十二圖、第四十三圖、第四十四圖、第四十五圖，便可明瞭，不另插圖。此式練習之多寡，可以隨意。切記演至與第四十三圖相同時，方可變換以下之斜飛式。

57. 斜飛式

【說明】

此式意義、解說均見前，參照第四十六圖、第四十七圖，便可明瞭，不另插圖。

此式之落成，為南北斜橫之姿勢。

58. 提　手

【說明】

此式意義、解說，均見前，參照第十三圖、第十四圖，便可明瞭，不另插圖。

落成之姿勢向南。

59. 白鶴亮翅

【說明】

此式意義、解說，均見前，參照第十五圖、第十六圖、第十七圖，便可明瞭，不另插圖。

落成之姿勢向東。

60. 摟膝拗步

【說明】

此式意義、解說，均見前，參照第十八圖、第十九圖、第二十圖、第二十一圖，便可明瞭，不另插圖。

落成之姿勢向東。

61. 海底針

【說明】

此式意義、解說，均見前，參照第四十八圖，便可明瞭，不另插圖。

落成之姿勢向東。

62. 扇通臂

【說明】

此式意義、解說，均見前，參照第四十九圖，便可明瞭，不另插圖。

落成之姿勢向東。

63. 撇身錘

【說明】

此式意義、解說，均見前，參照第三十四圖、第五十圖、第五十一圖，便可明瞭，不另插圖。落成之姿勢向西。

64. 上步搬攔錘

【說明】此式意義、解說，均見前，參照第三十一圖、第三十二圖，便可明瞭，不另插圖。落成姿勢向西。

65.進步攬雀尾

【說明】

此式意義、解說，均見前，參照第二十三圖、第四圖、第五圖、第六圖、第七圖、第八圖，便可明瞭，不另插圖。落成之姿勢向西。

66.單　鞭

【說明】

此式意義、解說，均見前，參照第九圖、第十圖、第十一圖、第十二圖，便可明瞭，不另插圖。落成姿勢向東。

67. 雲 手

【說明】

此式意義、解說均見前，參照第五十二圖、第五十三圖、第五十四圖、第五十五圖，便可明瞭，不另插圖。惟演至與第五十三圖相同時，方可接演以下之單鞭。

68. 單 鞭

【說明】

此式意義、解說均見前，承接雲手之五十三圖，即銜接單鞭之第十一圖、第十二圖。參照以上兩圖，便可明瞭，不另插圖。

落成之姿勢向東。

69. 高探馬

【說明】

此式意義、解說均見前，參照第五十六圖便可明瞭，不另插圖。落成之姿勢仍向東。

70. 十字腿

【意義】

十字腿者，以伸順拳踢拗腿之謂也。

【功用】

設敵由後方襲擊時，我即可轉身以手攔格，乘勢以足踢之。

第八十五圖　十字腿2

第八十四圖　十字腿1

【注意】此式係運動腿部，活潑腰背。轉身時，左臂須竭力前伸，手指與足尖併齊。

【動作圖說】承上式。右足不動，左足向前進一大步。同時，右臂下沉，左手順右手向前穿出。目視左手。成為川字步，姿勢向東（第八十四圖）。

左足尖勾回。左手亦同時屈回。全身向右約轉一百八十度，成為姿勢向西之勢。右足提起前踢。左手同時前擊。

左手與右足務須動作一致。右手貼於左肩之外。目視右足，姿勢向西（第八十五圖）。

71. 摟膝指襠錘

【意義】

此式為太極拳五錘之一。乃摟膝後乘勢用拳進擊敵襠之意。

【功用】

設敵以足踢吾襠時，我即可抬腿避其鋒，順勢以左手反格敵腿，則敵必自倒；又可擊敵之陰部，敵必應手而仆矣。

【注意】

右拳前擊時，右肩探出之力，須由脊背發出，方可得其要領。

第八十六圖　摟膝指襠錘

【動作圖說】

承上式。右足落地外撇。左手順右肘發出。姿勢下沉。與搬攔錘之第二式微同，惟左手不伸直。不停，全身重再提起。左手摟膝，右手擊出。目視右拳，姿勢向西（第八十六圖）。

72. 上步攬雀尾

【說明】

此式意義、解說均見前，參照第二十三圖、第四圖、第五圖、第六圖、第七圖、第八圖，便可明瞭，不另插圖。

73. 單鞭下勢

【說明】

此式意義、解說均見前，參照第八十一圖，便可明瞭，不另插圖。

74. 上步七星

【意義】

拳術家以兩臂相挽，兩拳斜對，名七星式。

【功用】

設敵以拳當胸擊來，我應以左臂上格，或外攔；同時可順進右足，以右拳自左拳下猛擊敵胸。

第八十七圖
上步七星

【注意】

擊拳之時，不可直擊，且含有由下向上擊之意，則敵之力最宜失中。

【動作圖說】

由下勢左膝前弓，腰身前進，坐實左腿。兩手隨腰往前相交，作斜十字形。右足隨向前進約半步許，足尖著地。目視兩拳，姿勢直向東北（第八十七圖）。

75. 退步跨虎

【意義】

拳術家以兩臂分開，兩腿蹲屈，一足立地，一足提起，或足尖點地，皆名跨虎式。

【功用】

如用前式敵以手下壓，或外摟，及前踼時，我即以左手下摟敵手或足，身向後退，以備轉踼之意。

【注意】

此式全身重量寄於右足。身宜直，頭宜頂。

【動作圖說】

承上式。右足復向後退半步，屈膝下蹲。兩手分開，右手在上，手心朝外；左手在下，手心朝下。左足微向後退，足尖點地，成丁虛步。姿勢仍向東北（第八十八圖）。

第八十八圖　退步跨虎

76.轉腳擺蓮

【意義】

轉腳擺蓮者，即轉身蓄勢，向旁擺踢之謂也。

【功用】

設敵自左側擊來，我則閃身上左足，以避之，誘敵進襲，再轉身起右足以踢敵脅。

【注意】

上左足時，足尖宜向內合，以便回轉迅速。

【動作圖說】

承上式。左足提起，以右足尖為軸，全身向右轉一大圈，約三百二十度，左落足地成為川字步。同時，兩手屈回，兩臂之中間成為圓形，

第八十九圖　轉腳擺蓮1

第九十圖　轉腳擺蓮2

左手在上，右手在下。目向東視。預備向右擺踢之意（第八十九圖）。

左足不動，全身立起，以左足跟為軸，微向右轉。左手在下，右手在上。右足向右擺踢。兩手微拍足背。目視右足，姿勢向東（第九十圖）。

77. 彎弓射虎

【意義】

此式如在馬上開弓射虎之意，而故名。

【功用】

設敵從右搭吾右臂下按時，我即可隨其動作兩揉化其力，乘勢且可前擊其胸。

【注意】

此式係用腰力。雙拳前擊時，須隱合螺旋之意。

第九十一圖　彎弓射虎1

【動作圖說】

承上式。右足向右前方踏出一步落下，重量移於右腿。兩手隨腰隨右足向右下圓轉，又由下而上至右腰旁雙臂上舉，右臂肩肘相平，右手變拳微高，停於額前，虎口向下；左手變拳，墜肘，拳與胸齊。

姿勢向左前方，如張弓射虎之意。目前視（第九十一圖）。

兩足皆不動。右拳前擊，左臂下沉。全身重量由右腿移於左腿，成為極矮之姿勢，右足竭力抓地。目視右拳，姿勢向東（第九十二圖）。

第九十二圖　彎弓射虎2

78. 上步搬攔錘

【說明】

此式意義、解說均見前。左足不動，全身立起，右足提起，足尖外撇。右手外撇，左手擊出。參照第三十一圖、第三十二圖，便可明瞭，不另插圖。

79. 如封似閉

【說明】

此式意義、解說均見前，參照第三十三圖，便可明瞭，不另插圖。

落成之姿勢向東。

80. 十字手

【說明】

此式意義、解說均見前，參照第三十四圖、第三十五圖，便可明瞭，不另插圖。

第九十三圖　合太極

81.合太極

【意義說明】

此式為練習完畢還原之姿勢。以意行氣，直達氣海，神宜內斂，氣宜充盈，意念存一靜字，則周身如沐浴然。個中之愉快，非編者所能詳盡者也。

承上式。兩手徐徐按下，不可著力，成為還原之勢。與第一圖同。姿勢仍恢復原狀，面仍向南（第九十三圖）。

第十一章 推手

演習長蹚，以練其體；實地推手，以操其用。故研究太極拳，務須常常多盤架子，精純之後，窮其理，傳其神，然後始可練習推手。如此方不致有忽呆忽滯之病，和誤入歧途之害也。

練拳時，主於靜；推手時，主於動。故拳家云：「靜為本體，動為作用。」望研究斯道者，務深思之，自可領微入奧，由神會而貫通。

練習時，須以柔順和緩為主體；推手時，則以懂勁知人為要訣。必須先做基礎，方可學習推手。二人肘腕互搭，推蕩往來，以覺察敵勁之虛實，久之自可感覺靈敏，微動便知，無微不至。隨己意而能虛實應付，斯即為懂勁矣。懂勁後，愈練愈精，逆來順應，奇幻倏忽，變化無

第一圖 推手法之掤

窮。練斯拳者，宜注意焉。

合步推手之掤

【意義】

掤者，捧而上承之意，令其力不得下落之故也。

【動作圖說】

甲乙二人對立，均右足在前，成為子午樁。乙先出手，甲即出手掤之，使其力量偏差。步下之距離則隨個人之高矮而伸縮之，總須前進後退毫不費力為適宜。兩目各視對方之

第二圖　推手法之攦

手。如第一圖（左右均相同）。

合步推手之攦

【意義】

攦者，舒也。舒散其力，使敵力騰散，而不能復聚之意。

【動作圖說】

承上式。乙微用力，右腿微前弓。甲即伸左手貼近乙之肩部，兩手同時向右後方斜攦，腰亦竭力向右轉，上體後坐。乙目視甲之右手。甲目視乙之右手。如第二圖（左右均相同）。

合步推手之擠與按

【意義】

此式可顯明兩式。乙擠，甲按，則乙之力無由施矣。擠者，排推也，以臂擠住敵身，使其不能脫逃，乘勢而推擲之意。按者，下按也。切記不可直接下按，必須用斜側之按，則敵之力自能落空矣。

【注意】

此式所拍之像，為換手之圖，因恐學者兩手模仿不清，故用反勢拍照。以下之動作圖說，仍以右臂作擠，左手輔於右臂，方可銜接第一圖。

【動作圖說】

承上式。乙即用右臂擠出，竭力弓右腿。甲即向左後方斜按。乙目

第三圖　推手法之攌擠按

視個人之右臂。甲視乙之右臂。甲之上體竭力後坐。如第三圖（左右均相同）。

合步推手換手法

【說明】

以上三圖，為掤、攌、擠、按四法。兩人第一搭手，必須推至由十五分鐘至一小時，方可獲有相當之進益。兩腿如疲乏，可隨意換腿。兩臂如疲乏，亦可隨意換臂。週而復始，仍為掤、攌、擠、按四字而已。換手者，則為調

第四圖　推手法之換手

劑疲乏之方法也。

【動作圖說】

甲擠乙時，乙即引甲之左臂向左後方斜擺。甲即導以右手承接左臂之不得力處，速以右臂重擠，則手自換矣。無論左右，皆可隨意變換。

順步推手與活步推手

【說明】

順步推手之手法，與合步推手法相同，惟甲左足在前，乙右足在前；或甲右足在前，乙左足在前之差別耳。而活步推手則為隨意動步之推手。必須先練習合步推手，純熟之後，再去練習順步推手。此兩種手法，均為純熟之後，再去研究活步推手。而活推手之要義，則無拘無束，隨己意而變化，或用掤、攦、擠、按；或用採、挒、肘、靠、進、退、顧、盼、定，切不可拘泥於成法，久而自然，自可入於神化之境。其太極拳中之大攦，則仍為成法之推手，學者可知而不可久練。久練惟恐處處失之活潑，近於呆板。學者務須深加探討，則自不難融會貫通也。

合步推手之採

【意義】

採者，即以敵方擊來之勁，採之向下傾斜，則引勁落空以彼力還制彼身之意。蓋太極拳中惟採最難。因每適施用此式，必須後腿竭力下

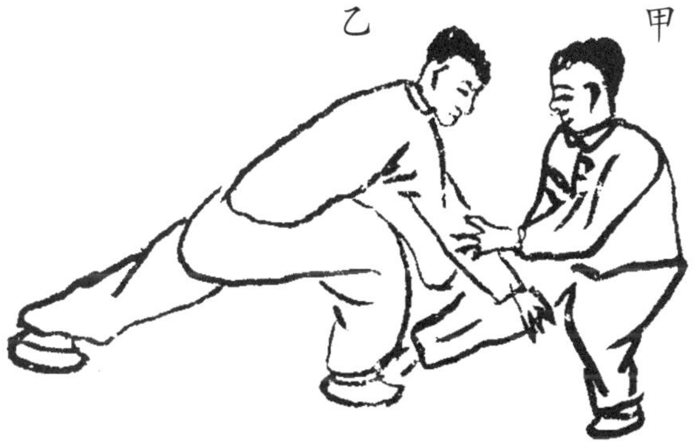

第五圖　推手法之採

坐，方可將敵之力引向空處。然而此式又極危險，總因姿勢過矮之故，尤恐敵方乘勢進擊，使我措手不及。學者務須在子午樁式痛下工夫，則於此式有極大之補助。倘敵順勢以猛力來攻，而我後足仍有餘力以抵抗，則不致有傾倒之險也。

【動作圖說】

設若甲之上體正在不得力處，乙乘勢以右臂猛擊時，甲即竭力坐腿，敵之力自必落空，並可乘勢還擊，則乙必信手而出。乙目視甲之手。甲目視乙之兩目。如第五圖。

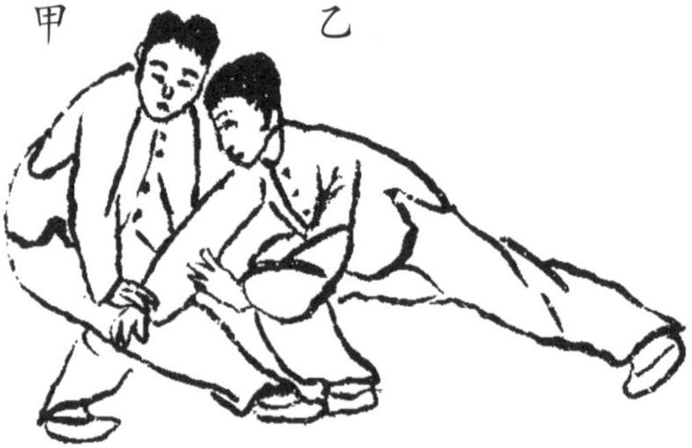

第六圖　推手法之挒

合步推手之挒

【意義】

敵來之力，引向下方，謂之採；引向左右兩側，謂之挒。採者，微易。挒者，尤難。

務須時常活動兩腿，使其運用自如，然後才可演習採挒之方法。此式為太極拳中最精妙之手法。如敵以極猛力擊來時，我則不加絲毫之力以採敵臂，敵可自向前仆。

【動作圖說】

設若甲之全身亦以空隙誘乙之猛力擊來時，甲可以右手挒敵右腕，以左手加按乙肩，使乙擊來之力傾向於後側。甲之左腿須竭力後坐，以腰為軸，引敵落空。乙目已成空向。甲目似有向後以神引氣之意。如第六圖。

第七圖　推手法之肘

合步推手之肘

【意義】

肘者，以肘擊敵之意。蓋肘之一部，在太極拳中，最難練習。倘能得其要竅，較其他之手法，實為便利。因未曾用肘，必先進身，務使敵勁失中，則我一發必中；否則仍可銜接之以掌。

如學者朝夕不輟，精益求精，自

有無限之佳境，非編者能以數語道其萬一者也。

【動作圖說】

設若乙以左手擊來，甲即伸左手以搭其腕，復弓步以肘擊之。無論左右均可隨意演習。乙目已不知所向。甲目視乙之左肋。如第七圖。

第八圖　推手法之靠

合步推手之靠

【意義】

靠者，以全體接近敵身，進步環繞敵腿，使敵不得外逃，復以後足之蹬力送之於臂。此即為靠。

【動作圖說】

設若乙以右臂猛力擊來時，甲即

以右手抬乙右手，復進左臂左足以靠敵身，猛力用肩背之力外靠，則敵自倒。乙目已成空向。甲目視乙兩目。如第八圖。

太極拳問答

附助勉國術同志詞

問：何種體格，學太極拳最為相宜？

答：無論何種體格均極相宜。惟體格軟硬不同，習之略分難易耳。體格瘦者，較為靈活，而厚重則遜之。胖者較為穩厚，而不免於拙滯。各有所長，亦有所短，然若能勤練功夫，其成就一也。

問：太極拳必求其柔，柔之利益何在？

答：求其柔者，所以使全身撤而不連帶也。假如推其手，手動而肘不動。推其肘，肘動而肩不動。推其肩，肩動而身不動。推其身，身動而腰不動。推其腰，腰動而腿不動。故能動如泰山，安如磐石。若放人

之時，則又由腳而腿，而腰，而身，而肩，而肘，而手，連為一氣，故能去如穿梭。若不能柔，全身成一整物，力雖大，然遇力大於我者，推我一處，則全身不能立穩。柔之功用，豈不大哉！故能整能散，能柔能剛，能進能退，能虛能實，乃太極拳之妙用也。

問：有人言練太極拳，仍須用力者然否？

答：《太極拳論》云：「極柔軟然後極堅剛。」太極拳之堅剛內勁，係由柔軟鬆開而生。練架子愈柔軟鬆開，則長內勁愈速。稍有強硬不鬆之處，即為長內勁之阻礙。蓋鬆開則兩臂容易沉重，不鬆開則兩臂仍是輕浮，是為明證。凡持此說者，大抵天生有些蠻力，喜恃其力；或習過硬拳不肯捨棄，故尚不能堅信極柔然後極剛之說。雖練太極拳，終不能得太極最精妙之意也。

問：練太極拳之神氣態度應如何？

答：總以神凝氣靜、中正安舒、從容大雅、綿綿不斷為準則。看似輕靈，而又極沉重。看似動宕，而又極安靜。凡太輕浮流動，或過於劍拔弩張之態，皆未得其精意也。

問：練太極拳時頭部應如何？

答：頭宜正直，不可低向下視。頭低則精神不振。

問：練太極拳時眼光如何？

答：眼者神之舍也。眼光有時隨手而行，眼隨手則腰自轉動；有時亦向前看，所謂左顧右盼中定是也。左顧右盼，則腰轉可化人之勁；前看則中定。凡久練太極拳者，雙眼奕奕有神。神光足者，其功夫必深無疑。

問：練太極拳時腰應如何鬆？

答：鬆者，非硬往下壓之意也。硬壓則不易轉動，鬆則轉動可自如。《太極拳論》云：「腰如車輪。」此言其活。又云：「腰如纛。」此言其正直。如腰不下鬆，不正直，則臀高聳，不但不雅觀，而尾閭必不能中正，神必不能貫頂，力必不能由背脊而發。

問：練太極拳用掌時之手指如何？

答：手指亦宜舒展自然，不可蜷曲，不可太張使之硬直。蜷曲則氣貫，不能達於指尖。硬直則氣不到。兩掌按出時不可太過膝，過膝則失其重心。嘗見練太極拳者，兩拳按出過度，全身傾出，臀部高聳。此由於腳步太小，腰不能下之故。足不到，而手向前探，不但不能擊人，而己身前傾，恐亦不能穩固。四法歌云：「手到腳不到，自去尋煩惱。」

誠不虛也。故擊人必須進足貼身，則兩手隨腰略進，人以跌出。此乃全身之勁也。

問：有人言腳步不可太大，太大則換步不靈。然否？

答：此說亦不錯。惟初練架子時，步須開展，總以兩腿之一直一曲為準則。如左腿直，則右腿屈。所屈之腿，以膝與足尖成一垂線為準。腰須鬆下，則前後轉動自如。步太小，則腰之轉動亦小，對方來勢如猛，則無消化之餘地，不得不退步矣。如遇路窄，無地可退，則無可如何。如步稍大，以腰轉動，則可化對方之力，而還擊之。

問：有人言架子不必多練，但習推手即可長功夫。然否？

答：凡輕視架子者，皆未得架子之規矩精意。架子為最要之基礎，久久練習，身體方能重如泰山，輕如鴻毛。若不勤習架子，雖多練推手，身體仍有不穩之弊，易為人所牽動。

問：欲成出類拔萃之名手，功夫應如何練習？

答：須先有四種心：

㈠信仰心。凡習一種拳術，必須有絕大之信仰心。不可稍存懷疑之意。

㈡有恒心。人而無恒，不可以作巫醫。拳術更非有恆不可。

㈢忍耐心。五年不成，期之十年。十年不成，期之二十年。雖資質魯鈍，一時難見功效，若有絕大忍耐力，未有不成者。

㈣謙遜心。功夫雖小有成就，不可自以為高。如為健身及他日雪恥之圖，則可謂用之得當。若僅知一二法門，而作好勇鬥狠之用，自命絕無對手，則失提倡者之本旨矣。無論何種拳術，必有其特長，皆須虛心研究，然後知己知彼，不致因驕而失敗矣。

中央國術館館長　張之江先生　助勉國術同志詞

願我同志　刻苦自勵　練修並重　保精養氣
至大至剛　經天緯地　丹田膏腴　贊合化育
中和盡善　勞謙終吉　避制攻克　首在節慾
防微杜漸　朝乾夕惕　敦品篤行　守身如玉
福善禍淫　因果定例　溯本窮源　基於道義
希聖法天　仁勇且智　愛切望深　曷其有極

（終）

導引養生功

全系列為彩色圖解附教學光碟

張廣德養生著作　每冊定價 350 元

定價350元

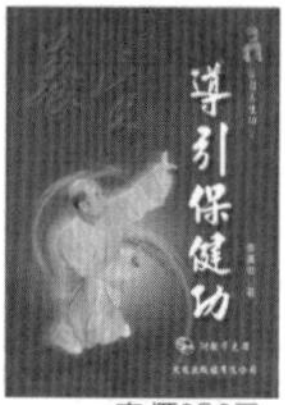

定價350元

定價350元

定價350元

定價350元

定價350元

定價350元

定價350元

定價350元

定價350元

輕鬆學武術

定價250元

定價250元

八式十六式太極拳

定價250元

定價250元

定價250元

定價250元

定價250元

四十八式太極劍

定價250元

定價280元

定價330元

太極跤

定價300元

定價280元

定價350元

彩色圖解太極武術

定價220元

定價220元

定價220元

定價220元

定價350元

定價350元

定價350元

定價350元

定價350元

定價350元

定價350元

定價350元

定價350元

定價220元

定價220元

定價220元

定價350元

定價220元

定價350元

定價350元

定價220元

定價220元

定價220元

歡迎至本公司購買書籍

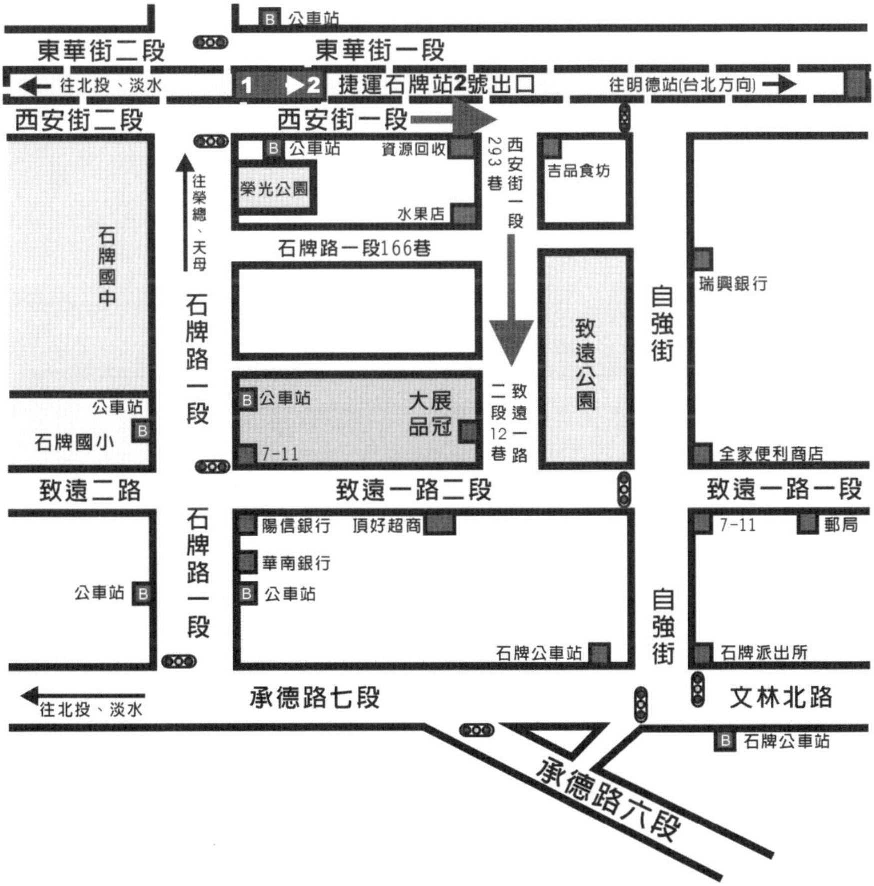

建議路線

1.搭乘捷運・公車

淡水線石牌站下車，由石牌捷運站２號出口出站(出站後靠右邊)，沿著捷運高架往台北方向走(往明德站方向)，其街名為西安街，約走100公尺(勿超過紅綠燈)，由西安街一段293巷進來(巷口有一公車站牌，站名為自強街口)，本公司位於致遠公園對面。搭公車者請於石牌站(石牌派出所)下車，走進自強街，遇致遠路口左轉，右手邊第一條巷子即為本社位置。

2.自行開車或騎車

由承德路接石牌路，看到陽信銀行右轉，此條即為致遠一路二段，在遇到自強街(紅綠燈)前的巷子(致遠公園)左轉，即可看到本公司招牌。

國家圖書館出版品預行編目資料

太極拳講義 ／ 田振峰　著
——初版，——臺北市，大展，2014〔民103 .08〕
面；21公分 ——（老拳譜新編；19）
ISBN　978－986－346－033－6（平裝）
1. 太極拳
528.972　　103011281

太極拳講義

編　　著／田振峰
校 點 者／常學剛
責任編輯／王躍平
發 行 人／蔡森明
出 版 者／大展出版社有限公司
社　　址／台北市北投區（石牌）致遠一路2段12巷1號
電　　話／（02）28236031・28236033・28233123
傳　　眞／（02）28272069
郵政劃撥／01669551
網　　址／www.dah-jaan.com.tw
E－mail／service@dah-jaan.com.tw
登 記 證／局版臺業字第2171號
承 印 者／傳興印刷有限公司
裝　　訂／承安裝訂有限公司
排 版 者／弘益電腦排版有限公司
授 權 者／山西科學技術出版社
初版1刷／2014年（民103年）8月

定 價／200元

大展好書　好書大展
品嘗好書　冠群可期

大展好書　好書大展
品嘗好書　冠群可期